COLLECTION FOLIO

Patrick Modiano

Dora Bruder

Gallimard

Il y a huit ans, dans un vieux journal, *Paris-Soir,* qui datait du 31 décembre 1941, je suis tombé à la page trois sur une rubrique : « D'hier à aujourd'hui ». Au bas de celle-ci, j'ai lu :

« PARIS

On recherche une jeune fille, Dora Bruder, 15 ans, 1 m 55, visage ovale, yeux gris-marron, manteau sport gris, pull-over bordeaux, jupe et chapeau bleu marine, chaussures sport marron. Adresser toutes indications à M. et Mme Bruder, 41 boulevard Ornano, Paris. »

Ce quartier du boulevard Ornano, je le connais depuis longtemps. Dans mon enfance, j'accompagnais ma mère au marché aux Puces de Saint-Ouen. Nous descendions de l'autobus à la porte de Clignancourt et quelquefois devant la mairie du XVIIIᵉ arrondissement. C'était toujours le samedi ou le dimanche après-midi.

En hiver, sur le trottoir de l'avenue, le long de la caserne Clignancourt, dans le flot des passants, se tenait, avec son appareil à trépied, le gros photographe au nez grumeleux et aux lunettes rondes qui proposait une « photo souvenir ». L'été, il se postait sur les planches de Deauville, devant le bar du Soleil. Il y trouvait des clients. Mais là, porte de Clignancourt, les passants ne semblaient pas vouloir se faire photographier. Il portait un vieux pardessus et l'une de ses chaussures était trouée.

Je me souviens du boulevard Barbès et du boulevard Ornano déserts, un dimanche après-midi de soleil, en mai 1958. À chaque carrefour, des groupes de gardes mobiles, à cause des événements d'Algérie.

J'étais dans ce quartier l'hiver 1965. J'avais une amie qui habitait rue Championnet. Ornano 49-20.

Déjà, à l'époque, le flot des passants du dimanche, le long de la caserne, avait dû emporter le gros photographe, mais je ne suis jamais allé vérifier. À quoi avait-elle servi, cette caserne? On m'avait dit qu'elle abritait des troupes coloniales.

Janvier 1965. La nuit tombait vers six heures sur le carrefour du boulevard Ornano et de la rue Championnet. Je n'étais rien, je me confondais avec ce crépuscule, ces rues.

Le dernier café, au bout du boulevard Ornano, côté numéros pairs, s'appelait «Verse Toujours». À gauche, au coin du boulevard Ney, il y en avait un autre, avec un juke-box. Au carrefour Ornano-Championnet, une pharmacie, deux cafés, l'un plus ancien, à l'angle de la rue Duhesme.

Ce que j'ai pu attendre dans ces cafés... Très tôt le matin quand il faisait nuit. En fin d'après-midi à la tombée de la nuit. Plus tard, à l'heure de la fermeture...

Le dimanche soir, une vieille automobile de sport noire — une Jaguar, me semble-t-il — était garée rue Championnet, à la hauteur de l'école maternelle. Elle portait une plaque à l'arrière : G.I.G. Grand invalide de guerre. La présence de cette voiture dans le quartier m'avait frappé. Je me demandais quel visage pouvait bien avoir son propriétaire.

À partir de neuf heures du soir, le boulevard était désert. Je revois encore la lumière de la bouche du métro Simplon, et, presque en face, celle de l'entrée du cinéma Ornano 43. L'immeuble du 41, précédant le cinéma, n'avait jamais attiré mon attention, et pourtant je suis passé devant lui pendant des mois, des années. De 1965 à 1968. Adresser toutes indications à M. et Mme Bruder, 41 boulevard Ornano, Paris.

D'hier à aujourd'hui. Avec le recul des années, les perspectives se brouillent pour moi, les hivers se mêlent l'un à l'autre. Celui de 1965 et celui de 1942.

En 1965, je ne savais rien de Dora Bruder. Mais aujourd'hui, trente ans après, il me semble que ces longues attentes dans les cafés du carrefour Ornano, ces itinéraires, toujours les mêmes — je suivais la rue du Mont-Cenis pour rejoindre les hôtels de la Butte Montmartre : l'hôtel Roma, l'Alsina ou le Terrass, rue Caulaincourt —, et ces impressions fugitives que j'ai gardées : une nuit de printemps où l'on entendait des éclats de voix sous les arbres du square Clignancourt, et l'hiver, de nouveau, à mesure que l'on descendait vers Simplon et le boulevard Ornano, tout cela n'était pas dû simplement au hasard. Peut-être, sans que j'en éprouve encore une claire conscience, étais-je sur la trace de

Dora Bruder et de ses parents. Ils étaient là, déjà, en filigrane.

J'essaye de trouver des indices, les plus lointains dans le temps. Vers douze ans, quand j'accompagnais ma mère au marché aux Puces de Clignancourt, un juif polonais vendait des valises, à droite, au début de l'une de ces allées bordées de stands, marché Malik, marché Vernaison... Des valises luxueuses, en cuir, en crocodile, d'autres en carton bouilli, des sacs de voyage, des malles-cabines portant des étiquettes de compagnies transatlantiques — toutes empilées les unes sur les autres. Son stand à lui était à ciel ouvert. Il avait toujours au coin des lèvres une cigarette et, un après-midi, il m'en avait offert une.

Je suis allé quelquefois au cinéma, boulevard Ornano. Au Clignancourt Palace, à la fin du boulevard, à côté de «Verse Toujours». Et à l'Ornano 43.

J'ai appris plus tard que l'Ornano 43 était un très ancien cinéma. On l'avait reconstruit au cours des années trente, en lui donnant une allure de paquebot. Je suis retourné dans ces parages au mois de mai 1996. Un magasin a remplacé le cinéma. On traverse la rue Hermel et l'on arrive devant l'immeuble du 41 boulevard Ornano, l'adresse indiquée dans l'avis de recherche de Dora Bruder.

11

Un immeuble de cinq étages de la fin du XIXe siècle. Il forme avec le 39 un bloc entouré par le boulevard, le débouché de la rue Hermel et la rue du Simplon qui passe derrière les deux immeubles. Ceux-ci sont semblables. Le 39 porte une inscription indiquant le nom de son architecte, un certain Richefeu, et la date de sa construction : 1881. Il en va certainement de même pour le 41.

Avant la guerre et jusqu'au début des années cinquante, le 41 boulevard Ornano était un hôtel, ainsi que le 39, qui s'appelait l'hôtel du Lion d'Or. Au 39 également, avant la guerre, un café-restaurant tenu par un certain Gazal. Je n'ai pas retrouvé le nom de l'hôtel du 41. Au début des années cinquante, figure à cette adresse une Société Hôtel et Studios Ornano, Montmartre 12-54. Et aussi, comme avant la guerre, un café dont le patron s'appelait Marchal. Ce café n'existe plus. Occupait-il le côté droit ou le côté gauche de la porte cochère ?

Celle-ci ouvre sur un assez long couloir. Tout au fond, l'escalier part vers la droite.

Il faut longtemps pour que resurgisse à la lumière ce qui a été effacé. Des traces subsistent dans des registres et l'on ignore où ils sont cachés et quels gardiens veillent sur eux et si ces gardiens consentiront à vous les montrer. Ou peut-être ont-ils oublié tout simplement que ces registres existaient.

Il suffit d'un peu de patience.

Ainsi, j'ai fini par savoir que Dora Bruder et ses parents habitaient déjà l'hôtel du boulevard Ornano dans les années 1937 et 1938. Ils occupaient une chambre avec cuisine au cinquième étage, là où un balcon de fer court autour des deux immeubles. Une dizaine de fenêtres, à ce cinquième étage. Deux ou trois donnent sur le boulevard et les autres sur la fin de la rue Hermel et, derrière, sur la rue du Simplon.

Ce jour de mai 1996 où je suis revenu dans le quartier, les volets rouillés des deux premières fenêtres du cinquième étage qui donnaient rue du Simplon étaient fermés, et devant ces fenêtres, sur le balcon, j'ai remarqué tout un amas d'objets hétéroclites qui semblaient abandonnés là depuis longtemps.

Au cours des deux ou trois années qui ont précédé la guerre, Dora Bruder devait être inscrite dans l'une des écoles communales du quartier. J'ai écrit une lettre au directeur de chacune d'elles en lui demandant s'il pouvait retrouver son nom sur les registres :

8 rue Ferdinand-Flocon.

20 rue Hermel.

7 rue Championnet.

61 rue de Clignancourt.

Ils m'ont répondu gentiment. Aucun n'avait retrouvé ce nom dans la liste des élèves des classes d'avant-guerre. Enfin, le directeur de l'ancienne école de filles du 69 rue Championnet m'a proposé de venir consulter moi-même les registres. Un jour, j'irai. Mais j'hésite. Je veux encore espérer que son nom figure là-bas. C'était l'école la plus proche de son domicile.

J'ai mis quatre ans avant de découvrir la date exacte de sa naissance : le 25 février 1926. Et deux ans ont encore été nécessaires pour connaître le lieu de cette naissance : Paris, XIIᵉ arrondissement. Mais je suis patient. Je peux attendre des heures sous la pluie.

Un vendredi après-midi de février 1996, je suis allé à la mairie du XIIᵉ arrondissement, service de l'état civil. Le préposé de ce service — un jeune homme — m'a tendu une fiche que je devais remplir :

« Demandeur au guichet : Mettez votre
Nom
Prénom
Adresse
Je demande la copie intégrale d'acte de naissance concernant :
Nom   BRUDER   Prénom   DORA
Date de naissance : 25 février 1926
Cochez si vous êtes :
L'intéressé demandeur
Le père ou la mère
Le grand-père ou la grand-mère
Le fils ou la fille
Le conjoint ou la conjointe
Le représentant légal
Vous avez une procuration plus une carte d'identité de l'intéressé(e)
En dehors de ces personnes, il ne sera pas délivré de copie d'acte de naissance. »

J'ai signé la fiche et je la lui ai tendue. Après l'avoir consultée, il m'a dit qu'il ne pouvait pas me donner la copie intégrale de l'acte de naissance : je n'avais aucun lien de parenté avec cette personne.

Un moment, j'ai pensé qu'il était l'une de ces sentinelles de l'oubli chargées de garder un secret honteux, et d'interdire à ceux qui le voulaient de retrouver la moindre trace de l'existence de quelqu'un. Mais il avait une bonne tête. Il m'a conseillé de demander une dérogation au Palais de Justice, 2 boulevard du Palais, 3e section de l'état civil, 5e étage, escalier 5, bureau 501. Du lundi au vendredi, de 14 à 16 heures.

Au 2 boulevard du Palais, je m'apprêtais à franchir les grandes grilles et la cour principale, quand un planton m'a indiqué une autre entrée, un peu plus bas : celle qui donnait accès à la Sainte-Chapelle. Une queue de touristes attendait, entre les barrières, et j'ai voulu passer directement sous le porche, mais un autre planton, d'un geste brutal, m'a signifié de faire la queue avec les autres.

Au bout d'un vestibule, le règlement exigeait que l'on sorte tous les objets en métal qui étaient dans vos poches. Je n'avais sur moi qu'un trousseau de clés. Je devais le poser sur une sorte de tapis roulant et le récupérer de l'autre côté d'une vitre, mais sur le moment je n'ai rien compris à cette manœuvre. À cause de mon hésitation, je me suis fait un peu rabrouer par un autre planton. Était-ce un gendarme ? Un policier ? Fallait-il aussi que je lui donne, comme à l'entrée d'une prison, mes lacets, ma ceinture, mon portefeuille ?

J'ai traversé une cour, je me suis engagé dans un couloir, j'ai débouché dans un hall très vaste où marchaient des hommes et des femmes qui tenaient à la main des serviettes noires et dont quelques-uns portaient des robes d'avocat. Je n'osais pas leur demander par où l'on accédait à l'escalier 5.

Un gardien assis derrière une table m'a indiqué l'extrémité du hall. Et là j'ai pénétré dans une salle déserte dont les fenêtres en surplomb laissaient passer un jour grisâtre. J'avais beau arpenter cette salle, je ne trouvais pas l'escalier 5. J'étais pris de cette panique et de ce vertige que l'on ressent dans les mauvais rêves, lorsqu'on ne parvient pas à rejoindre une gare et que l'heure avance et que l'on va manquer le train.

Il m'était arrivé une aventure semblable, vingt ans auparavant. J'avais appris que mon père était hospitalisé à la Pitié-Salpêtrière. Je ne l'avais plus revu depuis la fin de mon adolescence. Alors, j'avais décidé de lui rendre visite à l'improviste.

Je me souviens d'avoir erré pendant des heures à travers l'immensité de cet hôpital, à sa recherche. J'entrais dans des bâtiments très anciens, dans des salles communes où étaient alignés des lits, je questionnais des infirmières qui me donnaient des renseignements contradictoires. Je finissais par douter de l'existence de mon père en passant et repassant devant cette église majestueuse et ces corps de bâtiment irréels, intacts depuis le XVIIIe siècle et qui m'évoquaient Manon Lescaut et l'époque où ce lieu servait de prison aux filles, sous le nom sinistre d'Hôpital Général, avant qu'on les déporte en Louisiane. J'ai arpenté les cours pavées jusqu'à ce que le soir tombe. Impossible de trouver mon père. Je ne l'ai plus jamais revu.

Mais j'ai fini par découvrir l'escalier 5. J'ai monté les étages. Une suite de bureaux. On m'a indiqué celui qui portait le numéro 501. Une femme aux cheveux courts, l'air indifférent, m'a demandé ce que je voulais.

D'une voix sèche, elle m'a expliqué que pour obtenir cet extrait d'acte de naissance, il fallait écrire à M. le procureur de la République, Parquet de grande instance de Paris, 14 quai des Orfèvres, 3e section B.

Au bout de trois semaines, j'ai obtenu une réponse.

«Le vingt-cinq février mil neuf cent vingt-six, vingt et une heures dix, est née, rue Santerre 15, Dora, de sexe féminin, de Ernest Bruder né à Vienne (Autriche) le vingt et un mai mil huit cent quatre-vingt-dix-neuf, manœuvre, et de Cécile Burdej, née à Budapest (Hongrie) le dix-sept avril mil neuf cent sept, sans profession, son épouse, domiciliés à Sevran (Seine-et-Oise) avenue Liégeard 2. Dressé le vingt-sept février mil neuf cent vingt-six, quinze heures trente, sur la déclaration de Gaspard Meyer, soixante-treize ans, employé et domicilié rue de Picpus 76, ayant assisté à l'accouchement, qui, lecture faite, a signé avec Nous, Auguste Guillaume Rosi, adjoint au maire du douzième arrondissement de Paris. »

Le 15 de la rue Santerre est l'adresse de l'hôpital Rothschild. Dans le service maternité de celui-ci sont nés, à la même époque que Dora, de nombreux enfants de familles juives pauvres qui venaient d'immigrer en France. Il semble qu'Ernest Bruder n'ait pas pu s'absenter de son travail pour déclarer lui-même sa fille ce jeudi 25 février 1926, à la mairie du XIIe arrondissement. Peut-être trouverait-on sur un registre quelques indications concernant Gaspard Meyer, qui a signé au bas de l'acte de naissance. Le 76 rue de Picpus, là où il était « employé et domicilié », était l'adresse de l'hospice de Rothschild, créé pour les vieillards et les indigents.

Les traces de Dora Bruder et de ses parents, cet hiver de 1926, se perdent dans la banlieue nord-est, au bord du canal de l'Ourcq. Un jour, j'irai à Sevran, mais je crains que là-bas les maisons et les rues aient changé d'aspect, comme dans toutes les banlieues. Voici les noms de quelques établissements, de quelques habitants de l'avenue Liégeard de ce temps-là : le Trianon de Freinville occupait le 24. Un café? Un cinéma? Au 31, il y avait les Caves de l'Île-de-France. Un docteur Jorand était au 9, un pharmacien, Platel, au 30.

Cette avenue Liégeard où habitaient les parents de Dora faisait partie d'une agglomération qui s'étendait sur les communes de Sevran, de Livry-Gargan et d'Aulnay-sous-Bois, et que l'on avait appelée Freinville. Le quartier était né autour de l'usine de freins Westinghouse, venue s'installer là au début du siècle. Un quartier d'ouvriers. Il avait essayé de conquérir l'autonomie communale dans les années trente, sans y parvenir. Alors, il avait continué de dépendre des trois communes voisines. Il avait quand même sa gare : Freinville.

Ernest Bruder, le père de Dora, était sûrement, en cet hiver de 1926, manœuvre à l'usine de freins Westinghouse.

Ernest Bruder. Né à Vienne, Autriche, le 21 mai 1899. Il a dû passer son enfance à Leopoldstadt, le quartier juif de cette ville. Ses parents à lui étaient sans doute originaires de Galicie, de Bohême ou de Moravie, comme la plupart des juifs de Vienne, qui venaient des provinces de l'est de l'Empire.

En 1965, j'ai eu vingt ans, à Vienne, la même année où je fréquentais le quartier Clignancourt. J'habitais Taubstummengasse, derrière l'église Saint-Charles. J'avais passé quelques nuits dans un hôtel borgne, près de la gare de l'Ouest. Je me souviens des soirs d'été à Sievering et à Grinzing, et dans les parcs où jouaient des orchestres. Et d'un petit cabanon au milieu d'une sorte de jardin ouvrier, du côté d'Heilingenstadt. Ces samedis et ces dimanches de juillet, tout était fermé, même le café Hawelka. La ville était déserte. Sous le soleil, le tramway glissait à travers les quartiers du nord-ouest jusqu'au parc de Pötzleinsdorf.

Un jour, je retournerai à Vienne que je n'ai pas revue depuis plus de trente ans. Peut-être retrouverai-je l'acte de naissance d'Ernest Bruder dans le registre d'état civil de Vienne. Je saurai les lieux de naissance de ses parents. Et où était leur domicile, quelque part dans cette zone du deuxième arrondissement que bordent la gare du Nord, le Prater, le Danube.

Il a connu, enfant et adolescent, la rue du Prater avec ses cafés, son théâtre où jouaient les Budapester. Et le pont de Suède. Et la cour de la Bourse du commerce, du côté de la Taborstrasse. Et le marché des Carmélites.

À Vienne, en 1919, ses vingt ans ont été plus durs que les miens. Depuis les premières défaites des armées autrichiennes, des dizaines de milliers de réfugiés fuyant la Galicie, la Bukovine ou l'Ukraine étaient arrivés par vagues successives, et s'entassaient dans les taudis autour de la gare du Nord. Une ville à la dérive, coupée de son empire qui n'existait plus. Ernest Bruder ne devait pas se distinguer de ces groupes de chômeurs errant à travers les rues aux magasins fermés.

Peut-être était-il d'origine moins misérable que les réfugiés de l'Est? Fils d'un commerçant de la Taborstrasse? Comment le savoir?

22

Sur une petite fiche parmi des milliers d'autres établies une vingtaine d'années plus tard pour organiser les rafles de l'Occupation et qui traînaient jusqu'à ce jour au ministère des Anciens Combattants, il est indiqué qu'Ernest Bruder a été « 2ᵉ classe, légionnaire français ». Il s'est donc engagé dans la Légion étrangère sans que je puisse préciser à quelle date. 1919 ? 1920 ?

On s'engageait pour cinq ans. Il n'était même pas besoin de gagner la France, il suffisait de se présenter dans un consulat français. Ernest Bruder l'a-t-il fait en Autriche ? Ou bien était-il déjà en France à ce moment-là ? En tout cas, il est probable qu'on l'a dirigé, avec d'autres Allemands et Autrichiens comme lui, vers les casernes de Belfort et de Nancy, où on ne les traitait pas avec beaucoup de ménagement. Puis c'était Marseille et le fort Saint-Jean, et là non plus l'accueil n'était pas très chaleureux. Ensuite la traversée : il paraît que Lyautey avait besoin de trente mille soldats au Maroc.

J'essaye de reconstituer le périple d'Ernest Bruder. La prime que l'on touche à Sidi Bel Abbes. La plupart des engagés — Allemands, Autrichiens, Russes, Roumains, Bulgares — se trouvent dans un tel état de misère qu'ils sont stupéfaits qu'on puisse leur donner cette prime. Ils n'y croient pas. Vite, ils glissent l'argent dans leur poche, comme si on allait le leur reprendre. Puis c'est l'entraînement, les courses sur les dunes, les marches interminables sous le soleil de plomb de l'Algérie. Les engagés venant de l'Europe centrale comme Ernest Bruder ont du mal à supporter cet entraînement : ils avaient été sous-alimentés pendant leur adolescence, à cause du rationnement des quatre années de guerre.

Ensuite, les casernes de Meknès, de Fez ou de Marrakech. On les envoie en opération afin de pacifier les territoires encore insoumis du Maroc.

Avril 1920. Combat à Bekrit et au Ras-Tarcha. Juin 1921. Combat du bataillon de la légion du commandant Lambert sur le Djebel Hayane. Mars 1922. Combat du Chouf-ech-Cherg. Capitaine Roth. Mai 1922. Combat du Tizi Adni. Bataillon de légion Nicolas. Avril 1923. Combat d'Arbala. Combats de la tache de Taza. Mai 1923. Engagements très durs à Bab-Brida du Talrant que les légionnaires du commandant Naegelin enlèvent sous un feu intense. Dans la nuit du 26, le bataillon de légion Naegelin occupe par surprise le massif de l'Ichendirt. Juin 1923. Combat du Tadout. Le bataillon de la légion Naegelin enlève la crête. Les légionnaires plantent le pavillon tricolore sur une grande casbah, au son des clairons. Combat de l'Oued Athia où le bataillon de légion Barrière doit charger deux fois à la baïonnette. Le bataillon de légion Buchsenschutz enlève les retranchements du piton sud du Bou-Khamouj. Combat de la cuvette d'El-

Mers. Juillet 1923. Combat du plateau d'Immouzer. Bataillon de légion Cattin. Bataillon de légion Buchsenschutz. Bataillon de légion Susini et Jenoudet. Août 1923. Combat de l'Oued Tamghilt.

La nuit, dans ce paysage de sable et de caillasses, rêvait-il à Vienne, sa ville natale, aux marronniers de la Hauptallee? La petite fiche d'Ernest Bruder, « 2ᵉ classe légionnaire français », indique aussi : « mutilé de guerre 100 % ». Dans lequel de ces combats a-t-il été blessé?

À vingt-cinq ans, il s'est retrouvé sur le pavé de Paris. On avait dû le libérer de son engagement à la Légion à cause de sa blessure. Je suppose qu'il n'en a parlé à personne. Et cela n'intéressait personne. On ne lui a pas donné la nationalité française. La seule fois où j'ai vu mentionner sa blessure, c'était bien dans l'une des fiches de police qui servaient aux rafles de l'Occupation.

En 1924, Ernest Bruder se marie avec une jeune fille de seize ans, Cécile Burdej, place Jules-Joffrin, à la mairie du XVIII⁰ arrondissement :

« Le douze avril mil neuf cent vingt-quatre, onze heures vingt-huit minutes, devant nous ont comparu publiquement en la mairie : Ernest Bruder, manœuvre, né à Vienne (Autriche) le vingt et un mai mil huit cent quatre-vingt-dix-neuf, vingt-quatre ans, domicilié à Paris, 17 rue Bachelet, fils de Jacob Bruder et de Adèle Vaschitz, époux décédés, d'une part/et Cécile Burdej, couturière, née à Budapest (Hongrie) le dix-sept avril mille neuf cent sept, seize ans, domiciliée à Paris 17 rue Bachelet, chez ses père et mère, fille de Erichel Burdej, tailleur, et de Dincze Kutinea son épouse.

En présence de Oscar Valdmann, représentant, 56 rue Labat, et de Simon Sirota, tailleur, 20 rue Custine, témoins majeurs, qui lecture faite ont signé avec les époux et Nous Étienne Ardely adjoint au maire du XVIIIᵉ arrondissement de Paris. Les père et mère de l'épouse ont déclaré ne savoir signer. »

Cécile Burdej était arrivée de Budapest à Paris, l'année précédente, avec ses parents, ses quatre sœurs et son frère. Une famille juive originaire de Russie, mais qui s'était sans doute fixée à Budapest au début du siècle.

La vie était aussi dure à Budapest qu'à Vienne, après la Première Guerre, et il fallut encore fuir vers l'ouest. Ils avaient échoué à Paris, à l'asile israélite de la rue Lamarck. Dans le mois de leur arrivée rue Lamarck, trois des filles, âgées de quatorze ans, de douze ans et de dix ans, étaient mortes de la fièvre thyphoïde.

La rue Bachelet où habitaient Cécile et Ernest Bruder au moment de leur mariage est une toute petite rue sur la pente sud de Montmartre. Le 17 était un hôtel où Ernest Bruder se réfugia sans doute à son retour de la Légion. Je suppose que c'est là qu'il a connu Cécile. Il y avait encore à cette adresse un « café-hôtel » en 1964. Depuis, un immeuble a été construit à l'emplacement du 17 et du 15. Il porte seulement le numéro 15. On a jugé plus simple de ne garder qu'un seul numéro.

Les années qui ont suivi leur mariage, après la naissance de Dora, ils ont toujours habité dans des chambres d'hôtel.

Ce sont des personnes qui laissent peu de traces derrière elles. Presque des anonymes. Elles ne se détachent pas de certaines rues de Paris, de certains paysages de banlieue, où j'ai découvert, par hasard, qu'elles avaient habité. Ce que l'on sait d'elles se résume souvent à une simple adresse. Et cette précision topographique contraste avec ce que l'on ignorera pour toujours de leur vie — ce blanc, ce bloc d'inconnu et de silence.

J'ai retrouvé une nièce d'Ernest et de Cécile Bruder. Je lui ai parlé au téléphone. Les souvenirs qu'elle garde d'eux sont des souvenirs d'enfance, flous et précis en même temps. Elle se rappelle la gentillesse et la douceur de son oncle. C'est elle qui m'a donné les quelques détails que j'ai notés sur leur famille. Elle a entendu dire qu'avant d'habiter l'hôtel du boulevard Ornano, Ernest, Cécile Bruder et leur fille Dora avaient vécu dans un autre hôtel. Une rue qui donnait dans la rue des Poissonniers. Je regarde le plan, je lui cite les rues au fur et à mesure. Oui, c'était la rue Polonceau. Mais elle n'a jamais entendu parler de la rue Bachelet ni de Sevran, ni de Freinville ni de l'usine Westinghouse.

On se dit qu'au moins les lieux gardent une légère empreinte des personnes qui les ont habités. Empreinte : marque en creux ou en relief. Pour Ernest et Cécile Bruder, pour Dora, je dirai : en creux. J'ai ressenti une impression d'absence et de vide, chaque fois que je me suis trouvé dans un endroit où ils avaient vécu.

Deux hôtels, à cette époque, rue Polonceau : l'un, au 49, était tenu par un dénommé Rouquette. Dans l'annuaire, il figurait sous l'appellation « Hôtel Vin ». Le second, au 32, avait pour patron un certain Charles Campazzi. Ces hôtels ne portaient pas de nom. Aujourd'hui, ils n'existent plus.

Vers 1968, je suivais souvent les boulevards, jusque sous les arches du métro aérien. Je partais de la place Blanche. En décembre, les baraques foraines occupaient le terre-plein. Les lumières décroissaient à mesure que l'on approchait du boulevard de la Chapelle. Je ne savais encore rien de Dora Bruder et de ses parents. Je me souviens que j'éprouvais une drôle de sensation en longeant le mur de l'hôpital Lariboisière, puis en passant au-dessus des voies ferrées, comme si j'avais pénétré dans la zone la plus obscure de Paris. Mais c'était simplement le contraste entre les lumières trop vives du boulevard de Clichy et le mur noir, interminable, la pénombre sous les arches du métro...

Dans mon souvenir, ce quartier de la Chapelle m'apparaît aujourd'hui tout en lignes de fuite à cause des voies ferrées, de la proximité de la gare du Nord, du fracas des rames de métro qui passaient très vite au-dessus de ma tête... Personne ne devait se fixer longtemps par ici. Un carrefour où chacun partait de son côté, aux quatre points cardinaux.

Et pourtant, j'ai relevé les adresses des écoles du quartier où je trouverais peut-être, dans les registres, le nom de Dora Bruder, si ces écoles existent encore :

École maternelle : 3 rue Saint-Luc.

Écoles primaires communales de filles : 11 rue Cavé, 43 rue des Poissonniers, impasse d'Oran.

Et les années se sont écoulées, porte de Clignancourt, jusqu'à la guerre. Je ne sais rien d'eux, au cours de ces années. Cécile Bruder travaillait-elle déjà comme « ouvrière fourreuse », ou bien « ouvrière en confection salariée », ainsi qu'il est écrit sur les fiches ? D'après sa nièce, elle était employée dans un atelier, du côté de la rue du Ruisseau, mais elle n'en est pas sûre. Ernest Bruder était-il toujours manœuvre, non plus à l'usine Westinghouse de Freinville, mais quelque part dans une autre banlieue ? Ou bien lui aussi avait-il trouvé une place dans un atelier de confection à Paris ? Sur la fiche de lui qui a été faite pendant l'Occupation et où j'ai lu : « Mutilé de guerre 100 %. 2ᵉ classe, légionnaire français », il est écrit à côté du mot profession : « Sans ».

Quelques photos de cette époque. La plus ancienne, le jour de leur mariage. Ils sont assis, accoudés à une sorte de guéridon. Elle est enveloppée d'un grand voile blanc qui semble noué sur le côté gauche de son visage et qui traîne jusqu'à terre. Il est en habit et porte un nœud papillon blanc. Une photo avec leur fille Dora. Ils sont assis, Dora debout entre eux : elle n'a pas plus de deux ans. Une photo de Dora, prise certainement à l'occasion d'une distribution des prix. Elle a douze ans, environ, elle porte une robe et des socquettes blanches. Elle tient dans la main droite un livre. Ses cheveux sont entourés d'une petite couronne dont on dirait que ce sont des fleurs blanches. Elle a posé sa main gauche sur le rebord d'un grand cube blanc ornementé de barres noires aux motifs géométriques, et ce cube blanc doit être là pour le décor. Une autre photo, prise dans le même lieu, à la même époque et peut-être le même jour : on reconnaît le carrelage du sol et ce grand cube blanc aux motifs noirs géométriques sur lequel est assise Cécile Bruder. Dora est debout à sa gauche dans une robe à col, le bras gauche replié devant elle afin de poser la main sur l'épaule de sa mère. Une autre photo de Dora et de sa mère : Dora a environ douze ans, les cheveux plus courts que sur la photo précédente. Elles sont debout devant ce qui semble un vieux mur, mais qui doit être le panneau du photographe. Elles portent toutes les deux une robe noire et un col blanc. Dora se tient légèrement devant sa mère et à sa droite. Une photo de forme ovale où Dora est un peu plus âgée —

treize, quatorze ans, les cheveux plus longs — et où ils sont tous les trois comme en file indienne, mais le visage face à l'objectif : d'abord Dora et sa mère, toutes deux en chemisier blanc, et Ernest Bruder, en veste et cravate. Une photo de Cécile Bruder, devant ce qui semble un pavillon de banlieue. Au premier plan, à gauche, une masse de lierre recouvre le mur. Elle est assise sur le bord de trois marches en ciment. Elle porte une robe claire d'été. Au fond, la silhouette d'un enfant, de dos, les jambes et les bras nus, en tricot noir ou en maillot de bain. Dora ? Et la façade d'un autre pavillon derrière une barrière de bois, avec un porche et une seule fenêtre à l'étage. Où cela peut-il être ?

Une photo plus ancienne de Dora seule, à neuf ou dix ans. On dirait qu'elle est sur un toit, juste dans un rayon de soleil, avec de l'ombre tout autour. Elle porte une blouse et des socquettes blanches, elle tient son bras gauche replié sur sa hanche et elle a posé le pied droit sur le rebord de béton de ce qui pourrait être une grande cage ou une grande volière, mais on ne distingue pas, à cause de l'ombre, les animaux ou les oiseaux qui y sont enfermés. Ces ombres et ces taches de soleil sont celles d'un jour d'été.

Il y a eu d'autres journées d'été dans le quartier Clignancourt. Ses parents ont emmené Dora au cinéma Ornano 43. Il suffisait de traverser la rue. Ou bien y est-elle allée toute seule ? Très jeune, selon sa cousine, elle était déjà rebelle, indépendante, cavaleuse. La chambre d'hôtel était bien trop exiguë pour trois personnes.

Petite, elle a dû jouer dans le square Clignancourt. Le quartier, par moments, ressemblait à un village. Le soir, les voisins disposaient des chaises sur les trottoirs et bavardaient entre eux. On allait boire une limonade à la terrasse d'un café. Quelquefois, des hommes, dont on ne savait pas si c'étaient de vrais chevriers ou des forains, passaient avec quelques chèvres et vendaient un grand verre de lait pour dix sous. La mousse vous faisait une moustache blanche.

À la porte de Clignancourt, le bâtiment et la barrière de l'octroi. À gauche, entre les blocs d'immeubles du boulevard Ney et le marché aux

Puces, s'étendait tout un quartier de baraques, de hangars, d'acacias et de maisons basses que l'on a détruit. Vers quatorze ans, ce terrain vague m'avait frappé. J'ai cru le reconnaître sur deux ou trois photos, prises l'hiver : une sorte d'esplanade où l'on voit passer un autobus. Un camion est à l'arrêt, on dirait pour toujours. Un champ de neige au bord duquel attendent une roulotte et un cheval noir. Et, tout au fond, la masse brumeuse des immeubles.

Je me souviens que pour la première fois, j'avais ressenti le vide que l'on éprouve devant ce qui a été détruit, rasé net. Je ne connaissais pas encore l'existence de Dora Bruder. Peut-être — mais j'en suis sûr — s'est-elle promenée là, dans cette zone qui m'évoque les rendez-vous d'amour secrets, les pauvres bonheurs perdus. Il flottait encore par ici des souvenirs de campagne, les rues s'appelaient : allée du Puits, allée du Métro, allée des Peupliers, impasse des Chiens.

Le 9 mai 1940, Dora Bruder, à quatorze ans, est inscrite dans un internat religieux, l'œuvre du Saint-Cœur-de-Marie, que dirigent les Sœurs des Écoles chrétiennes de la Miséricorde, au 60, 62 et 64 rue de Picpus, dans le XIIe arrondissement.

Le registre de l'internat porte les mentions suivantes :

« Nom et prénom : Bruder, Dora

Date et lieu de naissance : 25 février 1926 Paris XIIe de Ernest et de Cécile Burdej, père et mère

Situation de famille : enfant légitime

Date et conditions d'admission : 9 mai 1940

                           Pension complète

Date et motif de sortie :

                           14 décembre 1941

                           Suite de fugue. »

Pour quelles raisons ses parents l'ont-ils ins-crite dans cet internat? Sans doute parce qu'il était difficile de continuer d'habiter à trois dans la chambre d'hôtel du boulevard Ornano. Je me suis demandé si Ernest et Cécile Bruder n'étaient pas sous la menace d'une mesure d'internement, en qualité de « ressortissants du Reich » et « ex-Autrichiens », l'Autriche n'exis-tant plus depuis 1938 et faisant partie désormais du « Reich ».

On avait interné, à l'automne 1939, les res-sortissants du « Reich » et les ex-Autrichiens de sexe masculin dans des camps de « rassem-blement ». On les avait divisés en deux catégo-ries : suspects et non-suspects. Les non-suspects avaient été rassemblés au stade Yves-du-Manoir, à Colombes. Puis, en décembre, ils avaient rejoint des groupements dits « de prestataires étrangers ». Ernest Bruder avait-il fait partie de ces prestataires?

Le 13 mai 1940, quatre jours après l'arrivée de Dora au pensionnat du Saint-Cœur-de-Marie, c'était au tour des femmes ressortissantes du Reich et ex-autrichiennes d'être convoquées au Vélodrome d'hiver, et d'y être internées pen-dant treize jours. Puis, à l'approche des troupes allemandes, on les avait transportées dans les Basses-Pyrénées, au camp de Gurs. Cécile Bru-der avait-elle reçu elle aussi une convocation?

On vous classe dans des catégories bizarres dont vous n'avez jamais entendu parler et qui ne

correspondent pas à ce que vous êtes réelle-
ment. On vous convoque. On vous interne. Vous
aimeriez bien comprendre pourquoi.

Je me demande aussi par quel hasard Cécile
et Ernest Bruder ont connu l'existence de ce
pensionnat du Saint-Cœur-de-Marie. Qui leur
avait donné le conseil d'y inscrire Dora ?

Déjà, à quatorze ans, je suppose qu'elle avait
fait preuve d'indépendance, et le caractère
rebelle dont m'a parlé sa cousine s'était sans
doute manifesté. Ses parents ont jugé qu'elle
avait besoin d'une discipline. Les élèves, au pensionnat du Saint-Cœur-de-Marie, étaient des
filles d'origine modeste et l'on peut lire sur la
note biographique de la supérieure de cet établissement, au temps où Dora y était interne :
« Des enfants souvent privés de famille ou rele-
vant de cas sociaux, ceux pour qui le Christ a
toujours manifesté sa préférence. » Et, dans une
brochure consacrée aux Sœurs des Écoles chrétiennes de la Miséricorde : « La fondation du
Saint-Cœur-de-Marie était appelée à rendre
d'éminents services aux enfants et jeunes filles
de familles déshéritées de la capitale. »

Il y avait environ trois cents pensionnaires.
Les « grandes » de douze à seize ans étaient divi-
sées en deux catégories : les « classes » et les
« ouvroirs ». Les « classes » préparaient au brevet élémentaire, les « ouvroirs » au brevet d'art

ménager. Dora Bruder était-elle aux « ouvroirs » ou aux « classes » ? Ces Sœurs des Écoles chrétiennes de la Miséricorde, dont la maison mère était l'ancienne abbaye de Saint-Sauveur-le-Vicomte, en Normandie, avaient ouvert l'œuvre du Saint-Cœur-de-Marie en 1852, rue de Picpus. Il s'agissait, dès cette époque, d'un internat professionnel pour cinq cents filles d'ouvriers, avec soixante-quinze sœurs.

Au moment de la débâcle de juin 1940, les élèves et les sœurs quittent Paris et se réfugient en Maine-et-Loire. Dora a dû partir avec elles dans les derniers trains bondés, que l'on pouvait encore prendre gare d'Orsay ou d'Austerlitz. Elles ont suivi le long cortège des réfugiés sur les routes qui descendaient vers la Loire.

Le retour à Paris, en juillet. La vie d'internat. J'ignore quel uniforme portaient les pensionnaires. Tout simplement, les vêtements signalés dans l'avis de recherche de Dora, en décembre 1941 : pull-over bordeaux, jupe bleu marine, chaussures sport marron ? Et une blouse par-dessus ? Je devine à peu près les horaires des journées. Lever vers six heures. Chapelle. Salle de classe. Réfectoire. Salle de classe. Cour de récréation. Réfectoire. Salle de classe. Étude du soir. Chapelle. Dortoir. Sorties, les dimanches. Je suppose qu'entre ces murs la vie était rude pour ces filles à qui le Christ avait toujours manifesté sa préférence.

D'après ce qu'on m'a dit, les Sœurs des Écoles chrétiennes de la rue de Picpus avaient créé une colonie de vacances à Béthisy. Était-ce à Béthisy-Saint-Martin ou à Béthisy-Saint-Pierre ? Les deux villages sont dans l'arrondissement de Senlis, dans le Valois. Dora Bruder y a peut-être passé quelques jours avec ses camarades, l'été 1941.

Les bâtiments du Saint-Cœur-de-Marie n'existent plus. Leur ont succédé des immeubles récents qui laissent supposer que le pensionnat occupait un vaste terrain. Je n'ai aucune photo de ce pensionnat disparu. Sur un vieux plan de Paris, il est écrit à son emplacement : « Maison d'éducation religieuse. » On y voit quatre petits carrés et une croix figurant les bâtiments et la chapelle du pensionnat. Et la découpe du terrain, une bande étroite et profonde, allant de la rue de Picpus à la rue de Reuilly.

Sur le plan, en face du pensionnat, de l'autre côté de la rue de Picpus, se succèdent la congrégation de la Mère de Dieu, puis les Dames de l'Adoration et l'Oratoire de Picpus, avec le cimetière où sont enterrés, dans une fosse commune, plus de mille victimes qui ont été guillotinées pendant les derniers mois de la Terreur. Sur le même trottoir que le pensionnat, et presque mitoyen de celui-ci, le grand terrain des Dames de Sainte-Clotilde. Puis les Dames Diaconesses où je me suis fait soigner, un jour, à dix-huit ans. Je me souviens du jardin des Diaconesses. J'ignorais à l'époque que cet établissement avait servi pour la rééducation des filles. Un peu comme le Saint-Cœur-de-Marie. Un peu comme le Bon-Pasteur. Ces endroits, où l'on vous enfermait sans que vous sachiez très bien si vous en sortiriez un jour, portaient décidément de drôles de noms : Bon-Pasteur d'Angers. Refuge de Darnetal. Asile Sainte-Madeleine de Limoges. Solitude-de-Nazareth.

Solitude.

Le Saint-Cœur-de-Marie, 60, 62 et 64 rue de Picpus, était situé au coin de cette rue et de la rue de la Gare-de-Reuilly. Celle-ci, du temps où Dora était pensionnaire, avait encore un aspect campagnard. Sur son côté impair courait un haut mur ombragé par les arbres du couvent.

Les rares détails que j'ai pu réunir sur ces lieux, tels que Dora Bruder les a vus chaque jour pendant près d'un an et demi, sont les suivants : le grand jardin longeait donc la rue de la Gare-de-Reuilly, et chacun des trois bâtiments principaux, sur la rue de Picpus, était séparé par une cour. Derrière eux s'étendaient leurs dépendances autour d'une chapelle. Près de celle-ci, sous une statue de la Vierge et des rochers figurant une grotte, avait été creusé le caveau funéraire des membres de la famille de Madre, bienfaitrice de ce pensionnat. On appelait ce monument « la grotte de Lourdes ».

J'ignore si Dora Bruder s'était fait des amies au Saint-Cœur-de-Marie. Ou bien si elle demeurait à l'écart des autres. Tant que je n'aurai pas recueilli le témoignage de l'une de ses anciennes camarades, je serai réduit aux suppositions. Il doit bien exister aujourd'hui à Paris, ou quelque part dans la banlieue, une femme d'environ soixante-dix ans qui se souvienne de sa voisine de classe ou de dortoir d'un autre temps — cette fille qui s'appelait Dora, 15 ans, 1 m 55, visage ovale, yeux gris-marron, manteau sport gris, pull-over bordeaux, jupe et chapeau bleu marine, chaussures sport marron.

En écrivant ce livre, je lance des appels, comme des signaux de phare dont je doute malheureusement qu'ils puissent éclairer la nuit. Mais j'espère toujours.

La supérieure de ce temps-là, au Saint-Cœur-de-Marie, s'appelait mère Marie-Jean-Baptiste. Elle était née — nous dit sa notice biographique — en 1903. Après son noviciat, elle avait été envoyée à Paris, à la maison du Saint-Cœur-de-Marie, où elle est demeurée dix-sept ans, de

42

1929 à 1946. Elle avait à peine quarante ans, lorsque Dora Bruder y fut pensionnaire.

Elle était — d'après la notice — « indépendante et généreuse », et dotée d'« une forte personnalité ». Elle est morte en 1985, trois ans avant que je connaisse l'existence de Dora Bruder. Elle devait certainement se souvenir d'elle — ne serait-ce qu'à cause de sa fugue. Mais, après tout, qu'aurait-elle pu m'apprendre ? Quelques détails, quelques petits faits quotidiens ? Si généreuse qu'elle fût, elle n'a certainement pas deviné ce qui se passait dans la tête de Dora Bruder, ni comment celle-ci vivait sa vie de pensionnaire ni la manière dont elle voyait chaque matin et chaque soir la chapelle, les faux rochers de la cour, le mur du jardin, la rangée des lits du dortoir.

J'ai retrouvé une femme qui a connu, en 1942, ce pensionnat, quelques mois après que Dora Bruder avait fait sa fugue. Elle était plus jeune que Dora, elle avait une dizaine d'années. Et le souvenir qu'elle a gardé du Saint-Cœur-de-Marie n'est qu'un souvenir d'enfance. Elle vivait seule avec sa mère, une juive d'origine polonaise, rue de Chartres, dans le quartier de la Goutte-d'Or, à quelques pas de la rue Polonceau où avaient habité Cécile, Ernest Bruder et Dora. Pour ne pas tout à fait mourir de faim, la mère travaillait en équipe de nuit dans un atelier où l'on fabriquait des moufles destinées à la Wehrmacht. La fille allait à l'école de la rue Jean-François-Lépine. À la fin de 1942, l'institutrice avait conseillé à sa mère de la cacher, à cause des rafles, et c'était sans doute elle qui lui avait indiqué l'adresse du Saint-Cœur-de-Marie.

On l'avait inscrite au pensionnat sous le nom de «Suzanne Albert» pour dissimuler ses origines. Bientôt elle était tombée malade. On l'avait envoyée à l'infirmerie. Là, il y avait un médecin. Au bout de quelque temps, comme elle refusait de manger, on n'avait plus voulu la garder.

Sans doute à cause de l'hiver et du black-out de ce temps-là elle se souvient que tout était noir dans ce pensionnat : les murs, les classes, l'infirmerie — sauf les coiffes blanches des sœurs. Selon elle, cela ressemblait plutôt à un orphelinat. Une discipline de fer. Pas de chauffage. On ne mangeait que des rutabagas. Les élèves faisaient la prière «à six heures», et j'ai oublié de lui demander si c'était six heures du matin ou six heures du soir.

L'été 1940 est passé, pour Dora, au pensionnat de la rue de Picpus. Elle allait certainement le dimanche retrouver ses parents qui occupaient encore la chambre d'hôtel du 41 boulevard Ornano. Je regarde le plan du métro et j'essaye d'imaginer le trajet qu'elle suivait. Pour éviter de trop nombreux changements de lignes, le plus simple était de prendre le métro à Nation, qui était assez proche du pensionnat. Direction Pont de Sèvres. Changement à Strasbourg-Saint-Denis. Direction Porte de Clignancourt. Elle descendait à Simplon, juste en face du cinéma et de l'hôtel.

Vingt ans plus tard, je prenais souvent le métro à Simplon. C'était toujours vers dix heures du soir. La station était déserte à cette heure-là et les rames ne venaient qu'à de longs intervalles.

Elle aussi devait suivre le même chemin de retour, le dimanche, en fin d'après-midi. Ses

45

parents l'accompagnaient-ils? À Nation, il fallait encore marcher, et le plus court était de rejoindre la rue de Picpus par la rue Fabre-d'Églantine.

C'était comme de retourner en prison. Les jours raccourcissaient. Il faisait déjà nuit lorsqu'elle traversait la cour en passant devant les faux rochers du monument funéraire. Elle suivait les couloirs. La chapelle, pour le Salut du dimanche soir. Puis, en rang, en silence, jusqu'au dortoir.

L'automne est venu. À Paris, les journaux du 2 octobre ont publié l'ordonnance selon laquelle les juifs devaient se faire recenser dans les commissariats. La déclaration du chef de famille était valable pour toute la famille. Afin d'éviter une trop longue attente, les intéressés étaient priés de se rendre, selon la première lettre de leur nom, aux dates indiquées au tableau ci-dessous...

La lettre B tombait le 4 octobre. Ce jour-là, Ernest Bruder est allé remplir le formulaire au commissariat du quartier Clignancourt. Mais il n'a pas déclaré sa fille. On donnait à chacun de ceux qui se faisaient recenser un numéro matricule qui, plus tard, figurerait sur son «fichier familial». Cela s'appelait le numéro de «dossier juif».

Ernest et Cécile Bruder avaient le numéro de dossier juif 49091. Mais Dora n'en avait aucun.

Peut-être Ernest Bruder a-t-il jugé qu'elle était

hors d'atteinte, dans une zone franche, au pensionnat du Saint-Cœur-de-Marie et qu'il ne fallait pas attirer l'attention sur elle. Et que pour Dora, à quatorze ans, cette catégorie «juif» ne voulait rien dire. Au fond, qu'est-ce qu'ils entendaient exactement par le mot «juif»? Pour lui, il ne s'est même pas posé la question. Il avait l'habitude que l'administration le classe dans différentes catégories, et il l'acceptait, sans discuter. Manœuvre. Ex-Autrichien. Légionnaire français. Non-suspect. Mutilé 100 %. Prestataire étranger. Juif. Et sa femme Cécile aussi. Ex-Autrichienne. Non-suspecte. Ouvrière fourreuse. Juive. Seule Dora échappait encore à tous les classements et au numéro de dossier 49091.

Qui sait, elle aurait pu y échapper jusqu'à la fin. Il suffisait de rester entre les murs noirs du pensionnat et de se confondre avec eux ; et de respecter scrupuleusement le rythme des journées et des nuits sans se faire remarquer. Dortoir. Chapelle. Réfectoire. Cour. Salle de classe. Chapelle. Dortoir.

Le hasard avait voulu — mais était-ce vraiment le hasard — que dans ce pensionnat du Saint-Cœur-de-Marie, elle fût revenue à quelques dizaines de mètres de l'endroit où elle était née, en face, de l'autre côté de la rue. 15 rue Santerre. Maternité de l'hôpital Rothschild. La rue

Santerre était dans le prolongement de celle de la Gare-de-Reuilly et du mur du pensionnat.

Un quartier calme, ombragé d'arbres. Il n'avait pas changé quand je m'y suis promené toute une journée, il y a vingt-cinq ans, au mois de juin 1971. De temps en temps, les averses d'été m'obligeaient à m'abriter sous un porche. Cet après-midi-là, sans savoir pourquoi, j'avais l'impression de marcher sur les traces de quelqu'un.

À partir de l'été 42, la zone qui entourait le Saint-Cœur-de-Marie est devenue particulièrement dangereuse. Les rafles se sont succédé pendant deux ans, à l'hôpital Rothschild, à l'orphelinat du même nom, rue Lamblardie, à l'hospice du 76 rue de Picpus, là où était employé et domicilié ce Gaspard Meyer qui avait signé l'acte de naissance de Dora. L'hôpital Rothschild était une souricière où l'on envoyait les malades du camp de Drancy pour les ramener au camp quelque temps plus tard, selon le bon vouloir des Allemands qui surveillaient le 15 rue Santerre, aidés par les membres d'une agence de police privée, l'agence Faralicq. Des enfants, des adolescents de l'âge de Dora ont été arrêtés, en grand nombre, à l'orphelinat Rothschild où ils se cachaient, rue Lamblardie, la première rue à droite après la rue de la Gare-de-Reuilly. Et dans cette rue de la Gare-de-Reuilly, juste en face du mur du collège, au 48 bis, ont été arrêtés neuf garçons et filles de l'âge de Dora, certains plus jeunes, et leur famille. Oui, la seule enclave qui demeurât préservée, c'était le jardin et la cour du pensionnat du Saint-Cœur-de-Marie. Mais à condition de n'en pas sortir, de demeurer oublié, à l'ombre de ces murs noirs, eux-mêmes noyés dans le couvre-feu.

J'ai écrit ces pages en novembre 1996. Les journées sont souvent pluvieuses. Demain nous entrerons dans le mois de décembre et cinquante-cinq ans auront passé depuis la fugue de Dora. La nuit tombe tôt et cela vaut mieux : elle efface la grisaille et la monotonie de ces jours de pluie où l'on se demande s'il fait vraiment jour et si l'on ne traverse pas un état intermédiaire, une sorte d'éclipse morne, qui se prolonge jusqu'à la fin de l'après-midi. Alors, les lampadaires, les vitrines, les cafés s'allument, l'air du soir est plus vif, le contour des choses plus net, il y a des embouteillages aux carrefours, les gens se pressent dans les rues. Et au milieu de toutes ces lumières et de cette agitation, j'ai peine à croire que je suis dans la même ville que celle où se trouvaient Dora Bruder et ses parents, et aussi mon père quand il avait vingt ans de moins que moi. J'ai l'impression d'être tout seul à faire le lien entre le Paris de ce temps-là et celui d'aujourd'hui, le seul à me souvenir de tous ces détails. Par moments, le lien s'amenuise et risque de se rompre, d'autres soirs la ville d'hier m'apparaît en reflets furtifs derrière celle d'aujourd'hui.

J'ai relu les livres cinquième et sixième des *Misérables*. Victor Hugo y décrit la traversée nocturne de Paris que font Cosette et Jean Valjean, traqués par Javert, depuis le quartier de la barrière Saint-Jacques jusqu'au Petit Picpus. On peut suivre sur un plan une partie de leur itinéraire. Ils approchent de la Seine. Cosette commence à se fatiguer. Jean Valjean la porte dans ses bras. Ils longent le Jardin des Plantes par les rues basses, ils arrivent sur le quai. Ils traversent le pont d'Austerlitz. À peine Jean Valjean a-t-il mis le pied sur la rive droite qu'il croit que des ombres s'engagent sur le pont. La seule manière de leur échapper — pense-t-il — c'est de suivre la petite rue du Chemin-Vert-Saint-Antoine.

Et soudain, on éprouve une sensation de vertige, comme si Cosette et Jean Valjean, pour échapper à Javert et à ses policiers, basculaient dans le vide : jusque-là, ils traversaient les vraies rues du Paris réel, et brusquement ils sont projetés dans le quartier d'un Paris imaginaire que Victor Hugo nomme le Petit Picpus. Cette sensation d'étrangeté est la même que celle qui vous prend lorsque vous marchez en rêve dans un quartier inconnu. Au réveil, vous réalisez peu à peu que les rues de ce quartier étaient décalquées sur celles qui vous sont familières le jour.

Et voici ce qui me trouble : au terme de leur fuite, à travers ce quartier dont Hugo a inventé la topographie et les noms de rues, Cosette et Jean Valjean échappent de justesse à une patrouille de police en se laissant glisser derrière un mur. Ils se retrouvent dans un «jardin fort vaste et d'un aspect singulier : un de ces jardins tristes qui semblent faits pour être regardés l'hiver et la nuit». C'est le jardin d'un couvent où ils se cacheront tous les deux et que Victor Hugo situe exactement au 62 de la rue du Petit-Picpus, la même adresse que le pensionnat du Saint-Cœur-de-Marie où était Dora Bruder.

« À l'époque où se passe cette histoire — écrit Hugo — un pensionnat était joint au couvent [...]. Ces jeunes filles [...] étaient vêtues de bleu avec un bonnet blanc [...]. Il y avait dans cette enceinte du Petit Picpus trois bâtiments parfaitement distincts, le grand couvent qui abritait les religieuses, le pensionnat où logeaient les élèves, et enfin ce qu'on appelait "le petit couvent". »

Et, après avoir fait une description minutieuse des lieux, il écrit encore : «Nous n'avons pu passer devant cette maison extraordinaire, inconnue, obscure, sans y entrer et sans y faire entrer les esprits qui nous accompagnent et qui nous écoutent raconter, pour l'utilité de quelques-uns peut-être, l'histoire mélancolique de Jean Valjean. »

Comme beaucoup d'autres avant moi, je crois aux coïncidences et quelquefois à un don de voyance chez les romanciers — le mot «don» n'étant pas le terme exact, parce qu'il suggère une sorte de supériorité. Non, cela fait simplement partie du métier : les efforts d'imagination, nécessaires à ce métier, le besoin de fixer son esprit sur des points de détail — et cela de manière obsessionnelle — pour ne pas perdre le fil et se laisser à aller à sa paresse —, toute cette tension, cette gymnastique cérébrale peut sans doute provoquer à la longue de brèves intuitions « concernant des événements passés ou futurs », comme l'écrit le dictionnaire Larousse à la rubrique « Voyance ».

En décembre 1988, après avoir lu l'avis de recherche de Dora Bruder, dans le *Paris-Soir* de décembre 1941, je n'ai cessé d'y penser durant des mois et des mois. L'extrême précision de quelques détails me hantait : 41 boulevard Ornano, 1 m 55, visage ovale, yeux gris-marron, manteau sport gris, pull-over bordeaux, jupe et chapeau bleu marine, chaussures sport marron. Et la nuit, l'inconnu, l'oubli, le néant tout autour. Il me semblait que je ne parviendrais jamais à retrouver la moindre trace de Dora Bruder. Alors le manque que j'éprouvais m'a poussé à l'écriture d'un roman, *Voyage de noces*, un moyen comme un autre pour continuer à concentrer mon attention sur Dora Bruder, et peut-être, me disais-je, pour élucider ou deviner quelque chose d'elle, un lieu où elle était passée, un détail de sa vie. J'ignorais tout de ses parents et des circonstances de sa fugue. La seule chose que je savais, c'était ceci :

j'avais lu son nom, BRUDER DORA — sans autre mention, ni date ni lieu de naissance — au-dessus de celui de son père BRUDER ERNEST, *21.5.99. Vienne. Apatride,* dans la liste de ceux qui faisaient partie du convoi du 18 septembre 1942 pour Auschwitz.

Je pensais, en écrivant ce roman, à certaines femmes que j'avais connues dans les années soixante : Anne B., Bella D. — du même âge que Dora, l'une d'elles née à un mois d'intervalle —, et qui avaient été, pendant l'Occupation, dans la même situation qu'elle, et auraient pu partager le même sort, et qui lui ressemblaient, sans doute. Je me rends compte aujourd'hui qu'il m'a fallu écrire deux cents pages pour capter, inconsciemment, un vague reflet de la réalité.

Cela tient en quelques mots : «La rame s'arrêta à Nation. Rigaud et Ingrid avaient laissé passer la station Bastille où ils auraient dû prendre la correspondance pour la Porte Dorée. À la sortie du métro, ils débouchèrent sur un grand champ de neige [...]. Le traîneau coupe par de petites rues pour rejoindre le boulevard Soult. »

Ces petites rues sont voisines de la rue de Picpus et du pensionnat du Saint-Cœur-de-Marie, d'où Dora Bruder devait faire une fugue, un soir de décembre au cours duquel la neige était peut-être tombée sur Paris.

Voilà le seul moment du livre où, sans le savoir, je me suis rapproché d'elle, dans l'espace et le temps.

Il est donc écrit sur le registre de l'internat, au nom de Dora Bruder et à la rubrique «date et motif de sortie» : «14 décembre 1941. Suite de fugue.»

C'était un dimanche. Je suppose qu'elle avait profité de ce jour de sortie pour aller voir ses parents boulevard Ornano. Le soir, elle n'était pas revenue au pensionnat.

Ce dernier mois de l'année fut la période la plus noire, la plus étouffante que Paris ait connue depuis le début de l'Occupation. Les Allemands décrétèrent, du 8 au 14 décembre, le couvre-feu à partir de six heures du soir en représailles à deux attentats. Puis il y eut la rafle de sept cents juifs français le 12 décembre; le 15 décembre, l'amende de un milliard de francs imposée aux juifs. Et le matin du même jour, les soixante-dix otages fusillés au mont Valérien. Le 10 décembre, une ordonnance du préfet de police invitait les juifs français et étrangers de la

Seine à se soumettre à un «contrôle périodique» en présentant leur carte d'identité avec le cachet «juif» ou «juive». Leur changement de domicile devait être déclaré au commissariat dans les vingt-quatre heures; et il leur était désormais interdit de se déplacer hors du département de la Seine.

Dès le 1er décembre, les Allemands avaient prescrit un couvre-feu dans le XVIIIe arrondissement. Plus personne n'y pouvait pénétrer après six heures du soir. Les stations de métro du quartier étaient fermées et, parmi elles, la station Simplon, là où habitaient Ernest et Cécile Bruder. Un attentat à la bombe avait eu lieu rue Championnet, tout près de leur hôtel.

Le couvre-feu dans le XVIIIe arrondissement dura trois jours. Celui-ci à peine levé, les Allemands en ordonnèrent un autre dans tout le Xe arrondissement, après que des inconnus eurent tiré des coups de revolver sur un officier des autorités d'occupation, boulevard Magenta. Puis ce fut le couvre-feu général, du 8 jusqu'au 14 décembre — le dimanche de la fugue de Dora.

Autour du pensionnat du Saint-Cœur-de-Marie, la ville devenait une prison obscure dont les quartiers s'éteignaient les uns après les autres. Pendant que Dora se trouvait derrière les

56

hauts murs du 60 et 62 rue de Picpus, ses parents étaient confinés dans leur chambre d'hôtel.

Son père ne l'avait pas déclarée comme «juive» en octobre 1940 et elle ne portait pas de «numéro de dossier». Mais l'ordonnance relative au contrôle des juifs affichée par la Préfecture de police le 10 décembre précisait que «les changements survenus dans la situation familiale devront être signalés». Je doute que son père ait eu le temps et le désir de la faire inscrire sur un fichier, avant sa fugue. Il devait penser que la Préfecture de police ne soupçonnerait jamais son existence au Saint-Cœur-de-Marie.

Qu'est-ce qui nous décide à faire une fugue? Je me souviens de la mienne le 18 janvier 1960, à une époque qui n'avait pas la noirceur de décembre 1941. Sur la route où je m'enfuyais, le long des hangars de l'aérodrome de Villacoublay, le seul point commun avec la fugue de Dora, c'était la saison: l'hiver. Hiver paisible, hiver de routine, sans commune mesure avec celui d'il y avait dix-huit ans. Mais il semble que ce qui vous pousse brusquement à la fugue, ce soit un jour de froid et de grisaille qui vous rend encore plus vive la solitude et vous fait sentir encore plus fort qu'un étau se resserre.

Le dimanche 14 décembre était le premier jour où le couvre-feu imposé depuis près d'une semaine n'avait plus cours. On pouvait désormais circuler dans les rues après six heures du soir. Mais, à cause de l'heure allemande, la nuit tombait dans l'après-midi.

À quel moment de la journée les Sœurs de la Miséricorde se sont-elles aperçues de la disparition de Dora? Le soir, certainement. Peut-être après le Salut à la chapelle, quand les pensionnaires sont montées au dortoir. Je suppose que la supérieure a essayé très vite de joindre les parents de Dora pour leur demander si elle était restée avec eux. Savait-elle que Dora et ses parents étaient juifs? Il est écrit dans sa notice biographique : « De nombreux enfants de familles juives persécutées trouvèrent refuge au Saint-Cœur-de-Marie, grâce à l'action charitable et audacieuse de sœur Marie-Jean-Baptiste. Aidée en cela par l'attitude discrète et non moins courageuse de ses sœurs, elle ne reculait devant aucun risque. »

Mais le cas de Dora était particulier. Elle était entrée au Saint-Cœur-de-Marie en mai 1940, lorsqu'il n'y avait pas encore de persécutions et que, pour elle, le mot « juif » ne devait pas signifier grand-chose. Elle n'avait pas été recensée en octobre 1940. Et ce n'est qu'à partir de juillet 1942, à la suite de la grande rafle, que les institutions religieuses cachèrent des enfants juifs. Elle avait passé un an et demi au Saint-Cœur-de-Marie. Sans doute était-elle la seule élève d'origine juive du pensionnat et l'ignorait-on parmi ses camarades et parmi les sœurs.

Au bas de l'hôtel du 41 boulevard Ornano, le café Marchal avait un téléphone : Montmartre 44-74, mais j'ignore si ce café communiquait avec l'immeuble et si Marchal était aussi le patron de l'hôtel. Le pensionnat du Saint-Cœur-de-Marie ne figurait pas dans l'annuaire de l'époque. J'ai retrouvé une autre adresse des Sœurs des Écoles chrétiennes de la Miséricorde qui devait être en 1942 une annexe du pensionnat : 64 rue Saint-Maur. Dora l'a-t-elle fréquentée ? Là non plus, il n'y avait pas de numéro de téléphone.

Qui sait ? La supérieure a peut-être attendu jusqu'au lundi matin avant d'appeler chez Marchal, ou plutôt d'envoyer une sœur au 41 boulevard Ornano. À moins que Cécile et Ernest Bruder ne se soient rendus eux-mêmes au pensionnat.

Il faudrait savoir s'il faisait beau ce 14 décembre, jour de la fugue de Dora. Peut-être l'un de ces dimanches doux et ensoleillés d'hiver où vous éprouvez un sentiment de vacance et d'éternité — le sentiment illusoire que le cours du temps est suspendu, et qu'il suffit de se laisser glisser par cette brèche pour échapper à l'étau qui va se refermer sur vous.

Longtemps, je n'ai rien su de Dora Bruder après sa fugue du 14 décembre et l'avis de recherche qui avait été publié dans *Paris-Soir*. Puis j'ai appris qu'elle avait été internée au camp de Drancy, huit mois plus tard, le 13 août 1942. Sur la fiche, il était indiqué qu'elle venait du camp des Tourelles. Ce 13 août 1942, en effet, trois cents juives avaient été transférées du camp des Tourelles à celui de Drancy.

La prison, le « camp », ou plutôt le centre d'internement des Tourelles occupait les locaux d'une ancienne caserne d'infanterie coloniale, la caserne des Tourelles, au 141 boulevard Mortier, à la porte des Lilas. Il avait été ouvert en octobre 1940, pour y interner des juifs étrangers en situation « irrégulière ». Mais à partir de 1941, quand les hommes seront envoyés directement à Drancy ou dans les camps du Loiret, seules les femmes juives qui auront contrevenu aux ordonnances allemandes seront internées aux Tourelles ainsi que des communistes et des droit commun.

À quel moment, et pour quelles raisons exactes, Dora Bruder avait-elle été envoyée aux Tourelles? Je me demandais s'il existait un document, une trace qui m'aurait fourni une réponse. J'en étais réduit aux suppositions. On l'avait sans doute arrêtée dans la rue. En février 1942 — deux mois avaient passé depuis sa fugue — les Allemands avaient promulgué une ordonnance interdisant aux juifs de Paris de quitter leur domicile après vingt heures et de changer d'adresse. La surveillance dans les rues était donc devenue plus sévère que les mois précédents. J'avais fini par me persuader que c'était en ce glacial et lugubre mois de février où la Police des questions juives tendait des traquenards dans les couloirs du métro, à l'entrée des cinémas ou à la sortie des théâtres, que Dora s'était fait prendre. Il me paraissait même étonnant qu'une fille de seize ans, dont la police savait qu'elle avait disparu en décembre et connaissait le signalement, ait pu échapper aux recherches pendant tout ce temps. À moins d'avoir trouvé une planque. Mais laquelle, dans ce Paris de l'hiver 1941-1942, qui fut le plus ténébreux et le plus dur hiver de l'Occupation, avec, dès le mois de novembre, des chutes de neige, une température de moins quinze en janvier, l'eau gelée partout, le verglas, la neige de nouveau en grande abondance au mois de février?

Quel était donc son refuge ? Et comment faisait-elle pour survivre dans ce Paris-là ?

C'était en février, pensais-je, qu'« ils » avaient dû la prendre dans leurs filets. « Ils » : cela pouvait être aussi bien de simples gardiens de la paix que les inspecteurs de la Brigade des mineurs ou de la Police des questions juives faisant un contrôle d'identité dans un lieu public… J'avais lu dans un livre de Mémoires que des filles de dix-huit ou dix-neuf ans avaient été envoyées aux Tourelles pour de légères infractions aux « ordonnances allemandes », et même, quelques-unes avaient seize ans, l'âge de Dora… Ce mois de février, le soir de l'entrée en vigueur de l'ordonnance allemande, mon père avait été pris dans une rafle, aux Champs-Élysées. Des inspecteurs de la Police des questions juives avaient bloqué les accès d'un restaurant de la rue de Marignan où il dînait avec une amie. Ils avaient demandé leurs papiers à tous les clients. Mon père n'en avait pas sur lui. Ils l'avaient embarqué. Dans le panier à salade qui l'emmenait des Champs-Élysées à la rue Greffulhe, siège de la Police des questions juives, il avait remarqué, parmi d'autres ombres, une jeune fille d'environ dix-huit ans. Il l'avait perdue de vue quand on les avait fait monter à l'étage de l'immeuble qu'occupaient cette officine de police et le bureau de son chef, un certain commissaire Schweblin. Puis il avait réussi à s'enfuir, profitant d'une minuterie éteinte, au moment où il redescendait l'escalier et où il allait être mené au Dépôt.

Mon père avait fait à peine mention de cette jeune fille lorsqu'il m'avait raconté sa mésaventure pour la première et la dernière fois de sa vie, un soir de juin 1963 où nous étions dans un restaurant des Champs-Élysées, presque en face de celui où il avait été appréhendé vingt ans auparavant. Il ne m'avait donné aucun détail sur son physique, sur ses vêtements. Je l'avais presque oubliée, jusqu'au jour où j'ai appris l'existence de Dora Bruder. Alors, la présence de cette jeune fille dans le panier à salade avec mon père et d'autres inconnus, cette nuit de février, m'est remontée à la mémoire et bientôt je me suis demandé si elle n'était pas Dora Bruder, que l'on venait d'arrêter elle aussi, avant de l'envoyer aux Tourelles.

Peut-être ai-je voulu qu'ils se croisent, mon père et elle, en cet hiver 1942. Si différents qu'ils aient été, l'un et l'autre, on les avait classés, cet hiver-là, dans la même catégorie de réprouvés. Mon père non plus ne s'était pas fait recenser en octobre 1940 et, comme Dora Bruder, il ne portait pas de numéro de « dossier juif ». Ainsi n'avait-il plus aucune existence légale et avait-il coupé toutes les amarres avec un monde où il fallait que chacun justifie d'un métier, d'une famille, d'une nationalité, d'une date de naissance, d'un domicile. Désormais il était ailleurs. Un peu comme Dora après sa fugue.

Mais je réfléchis à la différence de leurs destins. Il n'y avait pas beaucoup de recours pour une fille de seize ans, livrée à elle-même, dans Paris, l'hiver 42, après s'être échappée d'un pensionnat. Aux yeux de la police et des autorités de ce temps-là, elle était dans une situation doublement irrégulière : à la fois juive et mineure en cavale.

Pour mon père qui avait quatorze ans de plus que Dora Bruder, la voie était toute tracée : puisqu'on avait fait de lui un hors-la-loi, il allait suivre cette pente-là par la force des choses, vivre d'expédients à Paris, et se perdre dans les marécages du marché noir.

Cette jeune fille du panier à salade, j'ai appris, il n'y a pas longtemps, qu'elle ne pouvait pas être Dora Bruder. J'ai essayé de retrouver son nom en consultant une liste de femmes qui avaient été internées au camp des Tourelles. Deux d'entre elles, âgées de vingt et de vingt et un ans, deux juives polonaises, étaient entrées aux Tourelles le 18 et le 19 février 1942. Elles s'appelaient Syma Berger et Fredel Traister. Les dates correspondent, mais était-ce bien l'une ou l'autre ? Après un passage au Dépôt, les hommes étaient envoyés au camp de Drancy, les femmes aux Tourelles. Il se peut que cette inconnue ait échappé, comme mon père, au sort commun qui leur était réservé. Je crois qu'elle demeurera toujours anonyme, elle et les autres ombres arrêtées cette nuit-là. Les policiers des Questions juives ont détruit leurs fichiers, tous les procès-verbaux d'interpellation pendant les rafles ou lors des arrestations individuelles dans les rues. Si je n'étais pas là pour l'écrire, il n'y aurait plus aucune trace de la présence de cette inconnue et de celle de mon père dans un panier à salade en février 1942, sur les Champs-Élysées. Rien que des personnes —mortes ou vivantes — que l'on range dans la catégorie des « individus non identifiés ».

Vingt ans plus tard, ma mère jouait une pièce au théâtre Michel. Souvent, je l'attendais dans le café du coin de la rue des Mathurins et de la rue Greffulhe. Je ne savais pas encore que mon père avait risqué sa vie par ici et que je revenais dans une zone qui avait été un trou noir. Nous allions dîner dans un restaurant, rue Greffulhe — peut-être au bas de l'immeuble de la Police des questions juives où l'on avait traîné mon père dans le bureau du commissaire Schweblin. Jacques Schweblin. Né en 1901 à Mulhouse. Dans les camps de Drancy et de Pithiviers, ses hommes se livraient à une fouille avant chaque départ des internés pour Auschwitz :

« M. Schweblin, chef de la Police des questions juives, se présentait au camp accompagné de 5 ou 6 aides qu'il dénommait "policiers auxi-

65

liaires", ne révélant que son identité personnelle. Ces policiers en civil portaient un ceinturon soutenant d'un côté un revolver et de l'autre une matraque.

Après avoir installé ses aides, M. Schweblin quittait le camp pour ne reparaître que le soir afin d'enlever le produit de la rafle. Chacun des aides s'installait dans une baraque avec une table et un récipient de chaque côté de la table, recevant l'un le numéraire, l'autre les bijoux. Les internés défilaient alors devant le groupe qui procédait à la fouille minutieuse et injurieuse. Très souvent battus, ils devaient quitter leur pantalon et recevaient de grands coups de pied avec des réflexions : "Hein ! veux-tu en recevoir encore de la viande de policier ?" Les poches intérieures et extérieures étaient souvent déchirées brutalement sous prétexte d'activer la fouille. Je ne parlerai pas de la fouille des femmes effectuée en des endroits intimes.

À la fin de la fouille, numéraire et bijoux étaient entassés en vrac dans des valises entourées d'une ficelle et plombées, puis remises dans la voiture de M. Schweblin.

Ce procédé de plombage n'avait rien de sérieux, attendu que la pince à plomber restait entre les mains des policiers. Ils pouvaient s'approprier billets de banque ou bijoux. D'ailleurs ces policiers ne se privaient pas de sortir de leurs poches des bagues de valeur en disant : "Tiens, cela n'est pas du toc !" ou une poignée de billets de 1 000 ou 500 francs en disant : "Tiens, j'ai oublié cela." Une perquisition avait lieu également dans les baraques pour visiter la literie ; matelas, édredons, traversins étaient éventrés. De toutes les investigations exercées par la Police des questions juives, aucune trace ne subsiste [1]. »

pour / *agir contre*

L'équipe de la fouille était composée de sept hommes — toujours les mêmes. Et d'une femme. On ne connaît pas leurs noms. Ils étaient jeunes à l'époque et quelques-uns d'entre eux vivent encore aujourd'hui. Mais on ne pourrait pas reconnaître leurs visages.

Schweblin a disparu en 1943. Les Allemands se seraient débarrassés de lui. Pourtant, mon père, lorsqu'il m'avait raconté son passage dans le bureau de cet homme, m'avait dit qu'il avait cru le reconnaître porte Maillot, un dimanche après la guerre.

---

1. D'après un rapport administratif rédigé en novembre 1943 par un responsable du service de la Perception de Pithiviers.

Les paniers à salade n'ont pas beaucoup changé jusqu'au début des années soixante. La seule fois de ma vie où je me suis trouvé dans l'un d'eux, c'était en compagnie de mon père, et je n'en parlerais pas maintenant si cette péripétie n'avait pris pour moi un caractère symbolique.

Ce fut dans des circonstances d'une grande banalité. J'avais dix-huit ans, j'étais encore mineur. Mes parents étaient séparés, mais habitaient le même immeuble, mon père avec une femme aux cheveux jaune paille, très nerveuse, une sorte de fausse Mylène Demongeot. Et moi avec ma mère. Une querelle de palier s'est déclenchée ce jour-là entre mes parents, concernant la très modeste pension que mon père avait été contraint de verser pour mon entretien par une décision de justice, au terme d'une procédure à épisodes : tribunal de grande instance de la Seine. 1re chambre supplémentaire de la Cour

68

d'appel. Signification d'arrêt à partie. Ma mère a voulu que je sonne à sa porte et que je lui réclame cet argent qu'il n'avait pas versé. Nous n'en avions malheureusement pas d'autre pour vivre. Je me suis exécuté de mauvaise grâce. J'ai sonné chez lui avec l'intention de lui parler gentiment et même de m'excuser pour cette démarche. Il m'a claqué la porte au nez; j'entendais la fausse Mylène Demongeot hurler et appeler police secours, en disant qu'un «voyou faisait du scandale».

Ils sont venus me chercher quelques dizaines de minutes plus tard chez ma mère et je suis monté avec mon père dans le panier à salade qui attendait devant l'immeuble. Nous étions assis l'un en face de l'autre sur les banquettes de bois, entourés chacun par deux gardiens de la paix. J'ai pensé que si c'était la première fois de ma vie que je faisais une telle expérience, mon père, lui, l'avait déjà connue, il y avait vingt ans, cette nuit de février 1942 où il avait été embarqué par les inspecteurs de la Police des questions juives dans un panier à salade à peu près semblable à celui où nous nous trouvions. Et je me demandais s'il y pensait, lui aussi, à ce moment-là. Mais il faisait semblant de ne pas me voir et il évitait mon regard.

Je me souviens exactement du trajet. Les quais. Puis la rue des Saints-Pères. Le boulevard Saint-Germain. L'arrêt au feu rouge, à la hauteur de la terrasse des Deux-Magots. Derrière la

69

vitre grillagée, je voyais les consommateurs assis à la terrasse, au soleil, et je les enviais. Mais je ne risquais pas grand-chose : nous étions heureusement dans une époque anodine, inoffensive, une époque que l'on a appelée par la suite « les Trente Glorieuses ».

Pourtant, j'étais étonné que mon père, qui avait vécu pendant l'Occupation ce qu'il avait vécu, n'eût pas manifesté la moindre réticence à me laisser emmener dans un panier à salade. Il était là, assis devant moi, impassible, l'air vaguement dégoûté, il m'ignorait comme si j'étais un pestiféré et j'appréhendais l'arrivée au commissariat de police, ne m'attendant à aucune compassion de sa part. Et cela me semblait d'autant plus injuste que j'avais commencé un livre — mon premier livre — où je prenais à mon compte le malaise qu'il avait éprouvé pendant l'Occupation. J'avais découvert dans sa bibliothèque, quelques années auparavant, certains ouvrages d'auteurs antisémites parus dans les années quarante qu'il avait achetés à l'époque, sans doute pour essayer de comprendre ce que ces gens-là lui reprochaient. Et j'imagine combien il avait été surpris par la description de ce monstre imaginaire, fantasmatique, dont l'ombre menaçante courait sur les murs, avec son nez crochu et ses mains de rapace, cette créature pourrie par tous les vices, responsable de tous les maux et coupable de tous les crimes. Moi, je voulais dans mon premier livre répondre à tous ces gens dont les insultes m'avaient blessé à cause de mon père. Et, sur le terrain de la prose française, leur river une fois pour toutes leur clou. Je sens bien aujourd'hui la naïveté enfantine de mon projet : la plupart de ces auteurs avaient disparu, fusillés, exilés, gâteux ou morts de vieillesse. Oui, malheureusement, je venais trop tard.

Le panier à salade s'est arrêté rue de l'Abbaye, devant le commissariat du quartier Saint-Germain-des-Prés. Les gardiens de la paix nous ont dirigés vers le bureau du commissaire. Mon père lui a expliqué, d'une voix sèche, que j'étais « un voyou », qui venait faire « du scandale chez lui » depuis l'âge de dix-sept ans. Le commissaire m'a déclaré que « la prochaine fois, il me garderait ici » — sur le ton avec lequel on parle à un délinquant. J'ai bien senti que mon père n'aurait pas levé le petit doigt si ce commissaire avait exécuté sa menace et m'avait envoyé au Dépôt.

Nous sommes sortis du commissariat, mon père et moi. Je lui ai demandé s'il était vraiment nécessaire d'avoir appelé police secours et de m'avoir « chargé » devant les policiers. Il ne m'a pas répondu. Je ne lui en voulais pas. Comme nous habitions dans le même immeuble, nous avons suivi notre chemin, côte à côte, en silence. J'ai failli évoquer la nuit de février 1942 où on l'avait aussi embarqué dans un panier à salade et lui demander s'il y avait pensé tout à l'heure.

Mais peut-être cela avait-il moins d'importance pour lui que pour moi.

Nous n'avons pas échangé un seul mot pendant tout le trajet ni dans l'escalier, avant de nous quitter. Je devais encore le revoir à deux ou trois reprises l'année suivante, un mois d'août au cours duquel il me déroba mes papiers militaires pour tenter de me faire incorporer de force à la caserne de Reuilly. Ensuite, je ne l'ai plus jamais revu.

Je me demande ce qu'a bien pu faire Dora Bruder, le 14 décembre 1941, dans les premiers moments de sa fugue. Peut-être a-t-elle décidé de ne pas rentrer au pensionnat juste à l'instant où elle arrivait devant le porche de celui-ci, et a-t-elle erré pendant toute la soirée, à travers le quartier jusqu'à l'heure du couvre-feu.

Quartier dont les rues portent encore des noms campagnards : les Meuniers, la Brèche-aux-Loups, le sentier des Merisiers. Mais au bout de la petite rue ombragée d'arbres qui longe l'enceinte du Saint-Cœur-de Marie, c'est la gare aux marchandises, et plus loin, si l'on suit l'avenue Daumesnil, la gare de Lyon. Les voies ferrées de celle-ci passent à quelques centaines de mètres du pensionnat où était enfermée Dora Bruder. Ce quartier paisible, qui semble à l'écart de Paris, avec ses couvents, ses cimetières secrets et ses avenues silencieuses, est aussi le quartier des départs.

J'ignore si la proximité de la gare de Lyon avait encouragé Dora à faire une fugue. J'ignore si elle entendait, du dortoir, dans le silence des nuits de black-out, le fracas des trains de marchandises ou ceux qui partaient de la gare de Lyon pour la zone libre... Elle connaissait sans doute ces deux mots trompeurs : zone libre.

Dans le roman que j'ai écrit, sans presque rien savoir de Dora Bruder, mais pour que sa pensée continue à m'occuper l'esprit, la jeune fille de son âge que j'avais appelée Ingrid se réfugie avec un ami en zone libre. J'avais pensé à Bella D. qui, elle aussi, à quinze ans, venant de Paris, avait franchi en fraude la ligne de démarcation et s'était retrouvée dans une prison à Toulouse ; à Anne B., qui s'était fait prendre à dix-huit ans, sans laissez-passer, en gare de Chalon-sur-Saône, et avait été condamnée à douze semaines de prison... Voilà ce qu'elles m'avaient raconté dans les années soixante.

Cette fugue, Dora Bruder l'avait-elle préparée longtemps à l'avance, avec la complicité d'un ami ou d'une amie ? Est-elle restée à Paris ou bien a-t-elle tenté de passer en zone libre ?

La main courante du commissariat de police du quartier Clignancourt porte ces indications à la date du 27 décembre 1941, sous les colonnes : *Dates et direction — États civils — Résumé de l'affaire* :

« 27 décembre 1941. Bruder Dora née le 25/2/26 à Paris 12ᵉ demeurant 41 boulevard Ornano. Audition Bruder, Ernest, 42 ans, père. »

Dans la marge sont écrits les chiffres suivants sans que je sache à quoi ils correspondent : 7029 21/12.

Le commissariat du quartier Clignancourt occupait le 12 de la rue Lambert, derrière la Butte Montmartre, et son commissaire s'appelait Siri. Mais il est probable qu'Ernest Bruder est allé, sur le côté gauche de la mairie, au commissariat d'arrondissement, 74 rue du Mont-Cenis, qui servait aussi de poste au commissariat de Clignancourt : il était plus proche de son domicile. Là, le commissaire s'appelait Cornec.

Dora avait fait sa fugue treize jours auparavant et Ernest Bruder avait attendu jusque-là pour se rendre au commissariat et signaler la disparition de sa fille. On imagine son angoisse et ses hésitations au cours de ces treize longues journées. Il n'avait pas déclaré Dora au recensement d'octobre 1940, à ce même commissariat, et les policiers risquaient de s'en apercevoir. En essayant de la retrouver, il attirait l'attention sur elle.

Le procès-verbal de l'audition d'Ernest Bruder ne figure pas aux archives de la Préfecture de police. Sans doute détruisait-on, dans les commissariats, ce genre de documents à mesure qu'ils devenaient caducs. Quelques années après la guerre, d'autres archives des commissariats ont été détruites, comme les registres spéciaux ouverts en juin 1942, la semaine où ceux qui avaient été classés dans la catégorie «juifs» ont reçu leurs trois étoiles jaunes par personne, à partir de l'âge de six ans. Sur ces registres étaient portés l'identité du «juif», son numéro de carte d'identité, son domicile, et une colonne réservée à l'émargement devait être signée par lui après qu'on lui eut remis ses étoiles. Plus d'une cinquantaine de registres avaient été ainsi ouverts dans les commissariats de Paris et de la banlieue.

On ne saura jamais à quelles questions a répondu Ernest Bruder au sujet de sa fille et de lui-même. Peut-être est-il tombé sur un fonctionnaire de police pour lequel il s'agissait d'un travail de routine, comme avant la guerre, et qui ne faisait aucune différence entre Ernest Bruder, sa fille et de simples Français. Bien sûr, cet homme était « ex-autrichien », habitait en hôtel et n'avait pas de profession. Mais sa fille était née à Paris et elle avait la nationalité française. Une fugue d'adolescente. Cela arrivait de plus en plus souvent en cette époque troublée. Est-ce le policier qui a conseillé à Ernest Bruder de passer une annonce dans *Paris-Soir*, étant donné que deux semaines s'étaient déjà écoulées depuis que Dora avait disparu ? Ou bien un employé du journal, chargé des « chiens écrasés » et de la tournée des commissariats, a-t-il glané au hasard cet avis de recherche parmi d'autres accidents du jour, pour la rubrique « D'hier à aujourd'hui » ?

Je me souviens de l'impression forte que j'ai éprouvée lors de ma fugue de janvier 1960 — si forte que je crois en avoir connu rarement de semblables. C'était l'ivresse de trancher, d'un seul coup, tous les liens : rupture brutale et volontaire avec la discipline qu'on vous impose, le pensionnat, vos maîtres, vos camarades de classe. Désormais, vous n'aurez plus rien à faire avec ces gens-là ; rupture avec vos parents qui n'ont pas su vous aimer et dont vous vous dites qu'il n'y a aucun recours à espérer d'eux ; sentiment de révolte et de solitude porté à son incandescence et qui vous coupe le souffle et vous met en état d'apesanteur. Sans doute l'une des rares occasions de ma vie où j'ai été vraiment moi-même et où j'ai marché à mon pas.

Cette extase ne peut durer longtemps. Elle n'a aucun avenir. Vous êtes très vite brisé net dans votre élan.

La fugue — paraît-il — est un appel au secours et quelquefois une forme de suicide. Vous éprouvez quand même un bref sentiment d'éternité. Vous n'avez pas seulement tranché les liens avec le monde, mais aussi avec le temps. Et il arrive qu'à la fin d'une matinée, le ciel soit d'un bleu léger et que rien ne pèse plus sur vous. Les aiguilles de l'horloge du jardin des Tuileries sont immobiles pour toujours. Une fourmi n'en finit pas de traverser la tache de soleil.

Je pense à Dora Bruder. Je me dis que sa fugue n'était pas aussi simple que la mienne une vingtaine d'années plus tard, dans un monde redevenu inoffensif. Cette ville de décembre 1941, son couvre-feu, ses soldats, sa police, tout lui était hostile et voulait sa perte. À seize ans, elle avait le monde entier contre elle, sans qu'elle sache pourquoi.

D'autres rebelles, dans le Paris de ces années-là, et dans la même solitude que Dora Bruder, lançaient des grenades sur les Allemands, sur leurs convois et leurs lieux de réunion. Ils avaient le même âge qu'elle. Les visages de certains d'entre eux figurent sur l'Affiche Rouge et je ne peux m'empêcher de les associer, dans mes pensées, à Dora.

L'été 1941, l'un des films tournés depuis le début de l'Occupation est sorti au Normandie et ensuite dans les salles de cinéma de quartier. Il s'agissait d'une aimable comédie : *Premier rendez-vous*. La dernière fois que je l'ai vue, elle m'a causé une impression étrange, que ne justifiaient pas la légèreté de l'intrigue ni le ton enjoué des protagonistes. Je me disais que Dora Bruder avait peut-être assisté, un dimanche, à une séance de ce film dont le sujet est la fugue d'une fille de son âge. Elle s'échappe d'un pensionnat comme le Saint-Cœur-de-Marie. Au cours de cette fugue, elle rencontre ce que l'on appelle, dans les contes de fées et les romances, le prince charmant.

Ce film présentait la version rose et anodine de ce qui était arrivé à Dora dans la vraie vie. Lui avait-il donné l'idée de sa fugue ? Je concentrais mon attention sur les détails : le dortoir, les couloirs de l'internat, l'uniforme des pensionnaires, le café où attendait l'héroïne quand la nuit était tombée… Je n'y trouvais rien qui pût correspondre à la réalité, et d'ailleurs la plupart des scènes avaient été tournées en studio. Pourtant, je ressentais un malaise. Il venait de la luminosité particulière du film, du grain même de la pellicule. Un voile semblait recouvrir toutes les images, accentuait les contrastes et parfois les effaçait, dans une blancheur boréale. La lumière était à la fois trop claire et trop sombre, étouffant les voix ou rendant leur timbre plus fort et plus inquiétant.

J'ai compris brusquement que ce film était imprégné par les regards des spectateurs du temps de l'Occupation — spectateurs de toutes sortes dont un grand nombre n'avaient pas survécu à la guerre. Ils avaient été emmenés vers l'inconnu, après avoir vu ce film, un samedi soir qui avait été une trêve pour eux. On oubliait, le temps d'une séance, la guerre et les menaces du dehors. Dans l'obscurité d'une salle de cinéma, on était serrés les uns contre les autres, à suivre le flot des images de l'écran, et plus rien ne pouvait arriver. Et tous ces regards, par une sorte de processus chimique, avaient modifié la substance même de la pellicule, la lumière, la voix des comédiens. Voilà ce que j'avais ressenti, en pensant à Dora Bruder, devant les images en apparence futiles de *Premier rendez-vous*.

Ernest Bruder a été arrêté le 19 mars 1942, ou, plus exactement, interné au camp de Drancy ce jour-là. Des motifs et des circonstances de cette arrestation, je n'ai trouvé aucune trace. Sur le fichier dit « familial » dont se servait la Préfecture de police et où étaient rassemblés quelques renseignements concernant chaque juif, il est noté ceci :

« Bruder Ernest
21.5.99 — Vienne
n° dossier juif : 49091
Profession : Sans
Mutilé de guerre 100 %. 2ᵉ classe légionnaire
   français gazé ; tuberculose pulmonaire.
Casier central E56404 »

Plus bas, la fiche porte une inscription au tampon : RECHERCHÉ, suivie de cette note au crayon : « Se trouve au camp de Drancy. »

Ernest Bruder, en sa qualité de juif «ex-autrichien», aurait pu être arrêté lors de la rafle d'août 1941 au cours de laquelle les policiers français, encadrés de militaires allemands, bloquèrent le XIᵉ arrondissement le 20 août, puis les jours suivants interpellèrent les juifs étrangers dans les rues des autres arrondissements, parmi lesquels le XVIIIᵉ. Comment a-t-il échappé à cette rafle? Grâce à son titre d'ancien légionnaire français de 2ᵉ classe? J'en doute.

Sa fiche indique qu'il était «recherché». Mais à partir de quand? Et pour quelles raisons exactes? S'il était déjà «recherché» le 27 décembre 1941, le jour où il avait signalé la disparition de Dora au commissariat du quartier Clignancourt, les policiers ne l'auraient pas laissé repartir. Est-ce ce jour-là qu'il a attiré l'attention sur lui?

Un père essaye de retrouver sa fille, signale sa disparition dans un commissariat, et un avis de recherche est publié dans un journal du soir. Mais ce père est lui-même «recherché». Des parents perdent les traces de leur enfant, et l'un d'eux disparaît à son tour, un 19 mars, comme si l'hiver de cette année-là séparait les gens les uns des autres, brouillait et effaçait leurs itinéraires, au point de jeter un doute sur leur existence. Et il n'y a aucun recours. Ceux-là même qui sont chargés de vous chercher et de vous retrouver établissent des fiches pour mieux vous faire disparaître ensuite — définitivement.

J'ignore si Dora Bruder a appris tout de suite l'arrestation de son père. Mais je suppose que non. En mars, elle n'était pas encore revenue au 41 boulevard Ornano, depuis sa fugue de décembre. C'est du moins ce que suggèrent les quelques traces d'elle qui subsistent aux archives de la Préfecture de police.

Maintenant que se sont écoulés près de soixante ans, ces archives vont peu à peu livrer leurs secrets. La Préfecture de police de l'Occupation n'est plus qu'une grande caserne spectrale au bord de la Seine. Elle nous apparaît, au moment où nous évoquons le passé, un peu comme la maison Usher. Et aujourd'hui, nous avons peine à croire que ce bâtiment dont nous longeons les façades n'a pas changé depuis les années quarante. Nous nous persuadons que ce ne sont pas les mêmes pierres, les mêmes couloirs.

Morts depuis longtemps, les commissaires et

les inspecteurs qui participaient à la traque des juifs et dont les noms résonnent d'un écho lugubre et sentent une odeur de cuir pourri et de tabac froid : Permilleux, François, Schweblin, Koerperich, Cougoule… Morts ou perclus de vieillesse, les gardiens de la paix que l'on appelait les « agents capteurs », et qui écrivaient leur nom sur le procès-verbal de chaque personne qu'ils arrêtaient, au moment des rafles. Toutes ces dizaines de milliers de procès-verbaux ont été détruites et on ne connaîtra jamais les noms des « agents capteurs ». Mais il reste, dans les archives, des centaines et des centaines de lettres adressées au préfet de police de l'époque et auxquelles il n'a jamais répondu. Elles ont été là pendant plus d'un demi-siècle, comme des sacs de courrier oubliés au fond du hangar d'une lointaine étape de l'Aéropostale. Aujourd'hui nous pouvons les lire. Ceux à qui elles étaient adressées n'ont pas voulu en tenir compte et maintenant, c'est nous, qui n'étions pas encore nés à cette époque, qui en sommes les destinataires et les gardiens :

« Monsieur le Préfet
J'ai l'honneur d'attirer votre attention sur ma demande. Il s'agit de mon neveu Albert Graudens, de nationalité française, à l'âge de 16 ans, qui a été interné… »

« Monsieur le directeur du service des juifs
Je sollicite de votre haute bienveillance la libé-

ration du camp de Drancy de ma fille, Nelly Trautmann... »

« Monsieur le Préfet de Police
Je me permets de solliciter de vous une faveur en l'honneur de mon mari, Zelik Pergricht, me permettant de savoir de ses nouvelles et quelques renseignements... »

« Monsieur le Préfet de Police
J'ai l'honneur de solliciter de votre haute bienveillance et de votre générosité les renseignements concernant ma fille, Mme Jacques Lévy, née Violette Joël, arrêtée vers le 10 septembre dernier, alors qu'elle tentait de franchir la ligne de démarcation sans porter l'étoile réglementaire. Elle était accompagnée de son fils, Jean Lévy, âgé de 8 ans et demi... »

Transmis au préfet de police :

« Je sollicite de votre bienveillance la libération de mon petit-fils Michaël Rubin, 3 ans, français, de mère française, interné à Drancy avec sa mère... »

« Monsieur le Préfet
Je vous serais infiniment obligée de bien vouloir examiner le cas que je viens vous présenter : mes parents assez âgés, malades, venant d'être pris en tant que juifs et nous restons seules, ma

85

petite sœur, Marie Grosman 15 ans 1/2, juive française, ayant la carte d'identité française n° 1594936 série B et moi-même Jeannette Grosman, également juive française, 19 ans, ayant la carte d'identité française n° 924247 série B... »

« Monsieur le directeur,
Excusez-moi, si je me permets de m'adresser à vous, mais voici mon cas : le 16 juillet 1942, à 4 h du matin, on est venu chercher mon mari et comme ma fille pleurait, on l'a prise aussi.
Elle se nomme Paulette Gothelf, âgée de 14 ans 1/2 née le 19 novembre 1927 à Paris dans le 12ᵉ et elle est française... »

À la date du 17 avril 1942, la main courante du commissariat de Clignancourt porte cette inscription sous les colonnes habituelles : *Dates et direction — États civils — Résumé de l'affaire* :

« 17 avril 1942. 2098 15/24. P. Mineurs. Affaire Bruder Dora, âgée de 16 ans disparue suite PV 1917 a réintégré le domicile maternel. »

Je ne sais pas à quoi correspondent les chiffres 2098 et 15/24. « P. Mineurs », cela doit être « Protection des mineurs ». Le procès-verbal 1917 contenait certainement la déposition d'Ernest Bruder et les questions concernant Dora et lui-même qui lui avaient été posées le 27 décembre 1941. Pas d'autre trace de ce procès-verbal 1917 dans les archives.

À peine trois lignes au sujet de l' « affaire Bruder Dora ». Les notes qui suivent, dans la main courante du 17 avril, concernent d'autres «affaires» :

«Gaul Georgette Paulette, 30.7.23, née à Pantin, Seine, de Georges et de Pelz Rose, célibataire, vit en hôtel 41 rue Pigalle. Prostitution.
Germaine Mauraire. 9.10.21, née à Entre-Deux-Eaux (Vosges). Vit en hôtel. 1 rapport P.M.

J.-R. Cretet. 9ᵉ arrondissement»

Ainsi se succèdent, dans les mains courantes des commissariats de l'Occupation, prostituées, chiens perdus, enfants abandonnés. Et — comme l'était Dora — adolescentes disparues et coupables du délit de vagabondage.

Apparemment, il n'y est jamais question de «juifs». Et pourtant, ils passèrent dans ces commissariats avant d'être conduits au Dépôt puis à Drancy. Et la petite phrase : «a réintégré le domicile maternel» suppose que l'on savait, au poste de police du quartier Clignancourt, que le père de Dora avait été arrêté le mois précédent.

Il n'y a aucune trace d'elle entre le 14 décembre 1941, jour de sa fugue, et le 17 avril 1942 où, selon la main courante, elle réintègre le domicile maternel, c'est-à-dire la chambre d'hôtel du 41 boulevard Ornano. Pendant ces quatre mois, on ignore où Dora Bruder était, ce qu'elle a fait, avec qui elle se trouvait. Et l'on ignore aussi dans quelles circonstances Dora est revenue au « domicile maternel ». De sa propre initiative, après avoir appris l'arrestation de son père ? Ou bien après avoir été appréhendée dans la rue, puisqu'un avis de recherche avait été lancé contre elle, à la Brigade des mineurs ? Jusqu'à ce jour, je n'ai trouvé aucun indice, aucun témoin qui aurait pu m'éclairer sur ses quatre mois d'absence qui restent pour nous un blanc dans sa vie.

Le seul moyen de ne pas perdre tout à fait Dora Bruder au cours de cette période, ce serait de rapporter les changements du temps. La neige était tombée pour la première fois le 4 novembre 1941. L'hiver avait commencé par un froid vif, le 22 décembre. Le 29 décembre, la température avait encore baissé et les carreaux des fenêtres étaient couverts d'une légère couche de glace. À partir du 13 janvier, le froid était devenu sibérien. L'eau gelait. Cela avait duré environ quatre semaines. Le 12 février, il y avait un peu de soleil, comme une annonce timide du printemps. Une couche de neige, devenue noirâtre sous les piétinements des passants, et qui se transformait en boue, recouvrait les trottoirs. C'est le soir de ce 12 février que mon père fut embarqué par les policiers des Questions juives. Le 22 février, la neige était tombée de nouveau. Le 25 février, la neige tombait encore, plus abondante. Le 3 mars, après neuf heures du soir, le premier bombardement de la banlieue. À Paris, les vitres tremblaient. Le

13 mars, les sirènes s'étaient déclenchées en plein jour, pour une alerte. Les voyageurs du métro étaient restés immobilisés pendant deux heures. On les avait fait descendre dans le tunnel. Une autre alerte, le soir à dix heures. Le 15 mars, il y a eu un beau soleil. Le 28 mars, vers dix heures du soir, un bombardement lointain a duré jusqu'à minuit. Le 2 avril, une alerte, vers quatre heures du matin, et un bombardement violent jusqu'à six heures. De nouveau un bombardement à partir de onze heures du soir. Le 4 avril, les bourgeons avaient éclaté aux branches des marronniers. Le 5 avril, vers le soir, un orage de printemps est passé avec de la grêle, puis il y a eu un arc-en-ciel. N'oublie pas : demain après-midi, rendez-vous à la terrasse des Gobelins.

J'ai pu obtenir il y a quelques mois une photo de Dora Bruder, qui tranche sur celles que j'avais déjà rassemblées. Sans doute la dernière qui a été prise d'elle. Son visage et son allure n'ont plus rien de l'enfance qui se reflétait dans toutes les photos précédentes à travers le regard, la rondeur des joues, la robe blanche d'un jour de distribution des prix... Je ne sais pas à quelle date a été prise cette photo. Certainement en 1941, l'année où Dora était pensionnaire au Saint-Cœur-de-Marie, ou bien au début du printemps 1942, quand elle est revenue, après sa fugue de décembre, boulevard Ornano.

Elle est en compagnie de sa mère et de sa grand-mère maternelle. Les trois femmes sont côte à côte, la grand-mère entre Cécile Bruder et Dora. Cécile Bruder porte une robe noire et les cheveux courts, la grand-mère une robe à fleurs. Les deux femmes ne sourient pas. Dora est vêtue d'une robe noire — ou bleu marine — et d'une blouse à col blanc, mais cela pourrait être aussi un gilet et une jupe — la photo n'est pas assez nette pour s'en rendre compte. Elle porte des bas et des chaussures à brides. Ses cheveux mi-longs lui tombent presque jusqu'aux épaules et sont ramenés en arrière par un serre-tête, son bras gauche est le long du corps, avec les doigts de la main gauche repliés et le bras droit caché par sa grand-mère. Elle tient la tête haute, ses yeux sont graves, mais il flotte sur ses lèvres l'amorce d'un sourire. Et cela donne à son visage une expression de douceur triste et de défi. Les trois femmes sont debout devant le mur. Le sol est dallé, comme le couloir d'un lieu public. Qui a bien pu prendre cette photo ? Ernest Bruder ? Et s'il ne figure pas sur cette photo, cela veut-il dire qu'il a déjà été arrêté ? En tout cas, il semble que les trois femmes aient revêtu des habits du dimanche, face à cet objectif anonyme.

Dora porte-t-elle la jupe bleu marine indiquée sur l'avis de recherche ?

Des photos comme il en existe dans toutes les familles. Le temps de la photo, ils étaient protégés quelques secondes et ces secondes sont devenues une éternité.

On se demande pourquoi la foudre les a frappés plutôt que d'autres. Pendant que j'écris ces lignes, je pense brusquement à quelques-uns de ceux qui faisaient le même métier que moi. Aujourd'hui, le souvenir d'un écrivain allemand est venu me visiter. Il s'appelait Friedo Lampe.

C'était son nom qui avait d'abord attiré mon attention, et le titre de l'un de ses livres : *Au bord de la nuit*, traduit en français il y a plus de vingt-cinq ans et dont j'avais découvert, à cette époque-là, un exemplaire dans une librairie des Champs-Élysées. Je ne savais rien de cet écrivain. Mais avant même d'ouvrir le livre, je devinais son ton et son atmosphère, comme si je l'avais déjà lu dans une autre vie.

Friedo Lampe. *Au bord de la nuit*. Ce nom et ce titre m'évoquaient les fenêtres éclairées dont vous ne pouvez pas détacher le regard. Vous vous dites que, derrière elles, quelqu'un que vous avez oublié attend votre retour depuis des années ou bien qu'il n'y a plus personne. Sauf une lampe qui est restée allumée dans l'appartement vide.

Friedo Lampe était né à Brême en 1899, la même année qu'Ernest Bruder. Il avait fréquenté l'université d'Heidelberg. Il avait travaillé à Hambourg en qualité de bibliothécaire et commencé là son premier roman, *Au bord de la nuit*. Plus tard, il avait été employé chez un éditeur à Berlin. Il était indifférent à la politique. Lui, ce qui l'intéressait, c'était de décrire le crépuscule qui tombe sur le port de Brême, la lumière blanc et lilas des lampes à arc, les matelots, les catcheurs, les orchestres, la sonnerie des trams, le pont de chemin de fer, la sirène du steamer, et tous ces gens qui se cherchent dans la nuit… Son roman était paru en octobre 1933, alors qu'Hitler était déjà au pouvoir. *Au bord de la nuit* avait été retiré des librairies et des bibliothèques et mis au pilon, tandis que son auteur était déclaré «suspect». Il n'était même pas juif. Qu'est-ce qu'on pouvait bien lui reprocher? Tout simplement la grâce et la mélancolie de son livre. Sa seule ambition — confiait-il dans une lettre — avait été de «rendre sensibles quelques heures, le soir, entre huit heures et minuit, aux abords d'un port; je pense ici au quartier de Brême où j'ai passé ma jeunesse. De brèves scènes défilant comme dans un film, entrelaçant des vies. Le tout léger et fluide, lié de façon très lâche, picturale, lyrique, avec beaucoup d'atmosphère».

À la fin de la guerre, au moment de l'avance des troupes soviétiques, il habitait la banlieue de Berlin. Le 2 mai 1945, dans la rue, deux soldats russes lui avaient demandé ses papiers, puis ils l'avaient entraîné dans un jardin. Et ils l'avaient abattu, sans avoir pris le temps de faire la différence entre les gentils et les méchants. Des voisins l'avaient inhumé, un peu plus loin, à l'ombre d'un bouleau, et avaient fait parvenir à la police ce qui restait de lui : ses papiers et son chapeau.

Un autre écrivain allemand, Felix Hartlaub, était originaire du port de Brême, comme Friedo Lampe. Il était né en 1913. Il s'est retrouvé à Paris pendant l'Occupation. Cette guerre et son uniforme vert-de-gris lui faisaient horreur. Je ne sais pas grand-chose de lui. J'ai lu, en français, dans une revue des années cinquante, un extrait d'un petit volume qu'il avait écrit, *Von Unten Gesehen*, et dont il avait confié le manuscrit à sa sœur en janvier 1945. Cet extrait avait pour titre « Notes et impressions ». Il y observe le restaurant d'une gare parisienne et sa faune, le ministère des Affaires étrangères abandonné, avec ses centaines de bureaux déserts et poussiéreux, au moment où les services allemands s'y installent, les lustres qui sont restés allumés et toutes les pendules qui sonnent sans arrêt dans le silence. Il s'habillait en civil, le soir, pour oublier la guerre et se fondre dans les rues de Paris. Il nous rend compte de l'un de ses trajets nocturnes. Il prend le métro à la station Solférino. Il descend à Trinité. Il fait noir. C'est l'été. L'air est chaud. Il remonte la rue de Clichy dans le black-out. Sur le sofa du bordel, il remarque, dérisoire et solitaire, un chapeau tyrolien. Les filles défilent. «Elles sont ailleurs, comme des somnambules, sous le chloroforme. Et tout baigne — écrit-il — dans une lumière étrange d'aquarium tropical, de verre surchauffé. » Lui aussi est ailleurs. Il observe tout de loin, comme si ce monde en guerre ne le concernait pas, attentif aux minuscules détails quotidiens, aux atmosphères, et en même temps détaché, étranger à ce qui est autour de lui. Comme Friedo Lampe, il est mort à Berlin au printemps 1945, à trente-deux ans, au cours des derniers combats, dans un univers de boucherie et d'apocalypse où il se trouvait par erreur et dans un uniforme qu'on lui avait imposé mais qui n'était pas le sien.

Et maintenant, pourquoi ma pensée va-t-elle, parmi tant d'autres écrivains, vers le poète Roger Gilbert-Lecomte ? Lui aussi, la foudre l'a frappé à la même période que les deux précédents, comme si quelques personnes devaient servir de paratonnerre pour que les autres soient épargnés.

Il m'est arrivé de croiser le chemin de Roger Gilbert-Lecomte. Au même âge, j'ai fréquenté comme lui les quartiers du sud : boulevard Brune, rue d'Alésia, hôtel Primavera, rue de la

Voie-Verte… En 1938, il habitait encore ce quartier de la porte d'Orléans, avec une juive allemande, Ruth Kronenberg. Puis en 1939, toujours avec elle, un peu plus loin, le quartier de Plaisance, dans un atelier au 16 bis rue Bardinet. Combien de fois ai-je suivi ces rues, sans même savoir que Gilbert-Lecomte m'y avait précédé… Et sur la rive droite, à Montmartre, rue Caulaincourt, en 1965, je restais des après-midi entiers dans un café, au coin du square Caulaincourt, et dans une chambre de l'hôtel, au fond de l'impasse, Montmartre 42-99, en ignorant que Gilbert-Lecomte y avait habité, trente ans auparavant…

À la même époque, j'ai rencontré un docteur nommé Jean Puyaubert. Je croyais que j'avais un voile aux poumons. Je lui ai demandé de me signer un certificat pour éviter le service militaire. Il m'a donné rendez-vous dans une clinique où il travaillait, place d'Alleray, et il m'a radiographié : je n'avais rien aux poumons, je voulais me faire réformer et, pourtant, il n'y avait pas de guerre. Simplement, la perspective de vivre une vie de caserne comme je l'avais déjà vécue dans des pensionnats de onze à dix-sept ans me paraissait insurmontable.

Je ne sais pas ce qu'est devenu le docteur Jean Puyaubert. Des dizaines d'années après l'avoir rencontré, j'ai appris qu'il était l'un des meilleurs amis de Roger Gilbert-Lecomte et que celui-ci lui avait demandé, au même âge, le même service que moi : un certificat médical constatant qu'il avait souffert d'une pleurésie — pour être réformé.

Roger Gilbert-Lecomte... Il a traîné ses dernières années à Paris, sous l'Occupation... En juillet 1942, son amie Ruth Kronenberg s'est fait arrêter en zone libre au moment où elle revenait de la plage de Collioure. Elle a été déportée dans le convoi du 11 septembre, une semaine avant Dora Bruder. Une jeune fille de Cologne, arrivée à Paris vers 1935, à vingt ans, à cause des lois raciales. Elle aimait le théâtre et la poésie. Elle avait appris la couture pour faire des costumes de scène. Elle avait tout de suite rencontré Roger Gilbert-Lecomte, parmi d'autres artistes, à Montparnasse...

Il a continué à habiter seul dans l'atelier de la rue Bardinet. Puis une Mme Firmat qui tenait le café, en face, l'a recueilli et s'est occupée de lui. Il n'était plus qu'une ombre. À l'automne 1942, il entreprenait des expéditions harassantes à travers la banlieue, jusqu'à Bois-Colombes, rue des Aubépines, pour obtenir d'un certain docteur Bréavoine des ordonnances qui lui permettraient de trouver un peu d'héroïne. On l'avait repéré au cours de ses allées et venues. On l'avait arrêté et incarcéré à la prison de la Santé, le 21 octobre 1942. Il y était resté jusqu'au 19 novembre, à l'infirmerie. On l'avait relâché avec une assignation à comparaître en correctionnelle le mois suivant pour « avoir à Paris,

Colombes, Bois-Colombes, Asnières, en 1942, acheté et détenu illicitement et sans motif légitime des stupéfiants, héroïne, morphine, cocaïne… ».

Début 1943, il a demeuré quelque temps dans une clinique d'Épinay, puis Mme Firmat l'a hébergé dans une chambre au-dessus de son café. Une étudiante à qui il avait prêté l'atelier de la rue Bardinet pendant son séjour en clinique y avait laissé une boîte d'ampoules de morphine, qu'il a utilisée goutte à goutte. Je n'ai pas retrouvé le nom de cette étudiante.

Il est mort du tétanos le 31 décembre 1943 à l'hôpital Broussais, à l'âge de trente-six ans. Des deux recueils de poèmes qu'il avait publiés quelques années avant la guerre, l'un s'appelait : *La Vie, l'Amour, la Mort, le Vide et le Vent*.

Beaucoup d'amis que je n'ai pas connus ont disparu en 1945, l'année de ma naissance.

Dans l'appartement du 15 quai de Conti, où habitait mon père depuis 1942 — le même appartement qu'avait loué Maurice Sachs l'année précédente —, ma chambre d'enfant était l'une des deux pièces qui donnaient sur la cour. Maurice Sachs raconte qu'il avait prêté ces deux pièces à un certain Albert, surnommé « le Zébu ». Celui-ci y recevait « toute une bande de jeunes comédiens qui rêvaient de former une troupe et d'adolescents qui commençaient à écrire ». Ce « Zébu », Albert Sciaky, portait le même prénom que mon père et appartenait lui aussi à une famille juive italienne de Salonique. Et comme moi, exactement trente ans plus tard, au même âge, il avait publié à vingt et un ans, en 1938, chez Gallimard, un premier roman, sous le pseudonyme de François Vernet. Par la suite, il est entré dans la Résistance. Les Allemands l'ont arrêté. Il a écrit sur le mur de la cellule 218, deuxième division à Fresnes : « Zébu arrêté le 10.2.44. Suis au régime de rigueur pendant 3 mois, interrogé du 9 au 28 mai, ai passé la visite le 8 juin, 2 jours après le débarquement allié. »

Il est parti du camp de Compiègne dans le convoi du 2 juillet 1944 et il est mort à Dachau en mars 1945.

Ainsi, dans l'appartement où Sachs se livrait à ses trafics d'or, et où, plus tard, mon père se cachait sous une fausse identité, « le Zébu » avait occupé ma chambre d'enfant. D'autres, comme lui, juste avant ma naissance, avaient épuisé toutes les peines, pour nous permettre de n'éprouver que de petits chagrins. Je m'en étais déjà aperçu vers dix-huit ans, lors de ce trajet en panier à salade avec mon père — trajet qui n'était que la répétition inoffensive et la parodie d'autres trajets, dans les mêmes véhicules et vers les mêmes commissariats de police — mais d'où l'on ne revenait jamais à pied, chez soi, comme je l'avais fait ce jour-là.

Une fin d'après-midi de 31 décembre, où la nuit était tombée très tôt, comme aujourd'hui, j'avais vingt-trois ans et je me souviens d'avoir rendu visite au docteur Ferdière. Cet homme me témoignait la plus grande gentillesse dans une période qui était pour moi pleine d'angoisse et d'incertitude. Je savais vaguement qu'il avait accueilli Antonin Artaud à l'hôpital psychiatrique de Rodez et qu'il avait tenté de le soigner. Mais une coïncidence m'avait frappé, ce soir-là : j'avais apporté au docteur Ferdière un exemplaire de mon premier livre, *La Place de l'Étoile*, et il avait été surpris du titre. Il était allé chercher dans sa bibliothèque un mince volume de couleur grise qu'il m'avait montré : *La Place de l'Étoile* de Robert Desnos, dont il avait été l'ami. Le docteur Ferdière avait édité lui-même cet ouvrage à Rodez, en 1945, quelques mois après la mort de Desnos au camp de Terezin, et l'année de ma naissance. J'ignorais que Desnos avait écrit *La Place de l'Étoile*. Je lui avais volé, bien involontairement, son titre.

Un ami a trouvé, il y a deux mois, dans les archives du Yivo Institute, à New York, ce document parmi tous ceux de l'ancienne Union générale des israélites de France, organisme créé pendant l'Occupation :

« 3 L/SBL/   Le 17 juin 1942
                                         0032

Note pour Mlle Salomon

Dora Bruder a été remise à sa mère le 15 courant, par les soins du commissariat de police du quartier Clignancourt.

En raison de ses fugues successives, il paraîtrait indiqué de la faire admettre dans une maison de redressement pour l'enfance.

Du fait de l'internement du père et de l'état d'indigence de la mère, les assistantes sociales de la police (quai de Gesvres) feraient le nécessaire si on le leur demandait. »

Ainsi, Dora Bruder, après son retour au domicile maternel le 17 avril 1942, a fait de nouveau une fugue. Sur la durée de celle-ci, nous ne saurons rien. Un mois, un mois et demi volé au printemps 1942? Une semaine? Où et dans quelles circonstances a-t-elle été appréhendée et conduite au commissariat du quartier Clignancourt?

Depuis le 7 juin, les juifs étaient astreints au port de l'étoile jaune. Ceux dont les noms commençaient par les lettres A et B étaient allés chercher ces étoiles dans les commissariats dès le mardi 2 juin et ils avaient signé les registres ouverts à cet effet. Au moment où on l'emmenait au commissariat, Dora Bruder portait-elle l'étoile? J'en doute, quand je me souviens de ce que disait d'elle sa cousine. Un caractère rebelle et indépendant. Et puis, il y avait de fortes chances pour qu'elle fût en cavale bien avant le début de juin.

S'est-elle fait arrêter dans la rue parce qu'elle ne portait pas l'étoile? J'ai retrouvé la circulaire du 6 juin 1942 précisant le sort de ceux qui étaient pris en infraction à la huitième ordonnance relative au port de l'insigne :

«Le Directeur de la Police Judiciaire et le Directeur de la Police Municipale :

À MM. les commissaires divisionnaires, commissaires de la voie publique des arrondissements, commissaires des quartiers de Paris et tous autres services police municipale et police judiciaire (en communication : Direction des renseignements généraux, Direction des services techniques, Direction des étrangers et des affaires juives…).

Procédure :

1 — Juifs — hommes âgés de 18 ans et plus :

Tout juif en infraction sera envoyé au dépôt par les soins du commissaire de voie publique avec un ordre d'envoi spécial et individuel, établi en deux exemplaires (la copie étant destinée à M. Roux, commissaire divisionnaire, chef des compagnies de circulation — section du dépôt). Cette pièce énoncera, outre le lieu, le jour, l'heure et les circonstances de l'arrestation, les nom, prénom, date et lieu de naissance, situation de famille, profession, domicile et nationalité du détenu administratif.

2 — Mineurs des deux sexes de 16 à 18 ans et femmes juives :

Ils seront également envoyés au dépôt par les soins des commissaires de voie publique suivant les modalités énoncées ci-dessus.

La permanence du dépôt transmettra les ordres d'envoi originaux à la Direction des étrangers et des affaires juives, qui, après avis de l'autorité allemande, statuera sur leur cas. Aucun élargissement ne devra être effectué sans ordre écrit de cette direction.

La Direction de la Police Judiciaire
Tanguy
La Direction de la Police Municipale
Hennequin »

Des centaines d'adolescents comme Dora furent arrêtés dans la rue, en ce mois de juin, selon les consignes précises et détaillées de MM. Tanguy et Hennequin. Ils passèrent par le Dépôt et Drancy, avant Auschwitz. Bien sûr, les « ordres d'envois spéciaux et individuels », dont une copie était destinée à M. Roux, ont été détruits après la guerre ou peut-être même au fur et à mesure des arrestations. Mais il en reste quand même quelques-uns, laissés par mégarde :

« Rapport du 25 août 1942
Le 25 août 1942
J'envoie au dépôt pour défaut de port de l'insigne juif :
Sterman, Esther, née le 13 juin 1926 à Paris 12ᵉ, 42 rue des Francs-Bourgeois — 4ᵉ.
Rotsztein, Benjamin, né le 19 décembre 1922 à Varsovie, 5 rue des Francs-Bourgeois, arrêtés à la gare d'Austerlitz par les inspecteurs de la 3ᵉ section des renseignements généraux. »

Rapport de police en date du 1ᵉʳ septembre 1942 :

« Les inspecteurs Curinier et Lasalle à Monsieur le Commissaire principal, chef de la Brigade Spéciale

Nous mettons à votre disposition la nommée Jacobson Louise née le vingt-quatre décembre mille neuf cent vingt-quatre à Paris, douzième arrondissement [...] depuis mille neuf cent vingt-cinq de nationalité française par naturalisation, de race juive, célibataire.

Demeurant chez sa mère, 8 rue des Boulets, 11e arrondissement, étudiante.

Arrêtée ce jour vers quatorze heures, au domicile de sa mère, dans les circonstances suivantes :

Alors que nous procédions à une visite domiciliaire au lieu sus-indiqué, la jeune Jacobson est entrée chez elle et nous avons remarqué qu'elle ne portait pas l'insigne propre aux juifs ainsi qu'il est prescrit par une ordonnance allemande.

Elle nous a déclaré être partie de chez elle à huit heures trente minutes et être allée à un cours de préparation au baccalauréat au Lycée Henri-IV, rue Clovis.

Par ailleurs, des voisins de cette jeune personne nous ont déclaré que cette jeune personne sortait souvent de chez elle sans cet insigne.

La demoiselle Jacobson est inconnue aux archives de notre direction ainsi qu'aux sommiers judiciaires. »

« 17 mai 1944. Hier à 22 h 45, au cours d'une ronde, deux gardiens de la paix du 18ᵉ arrondissement ont arrêté le juif Français Barmann, Jules, né le 25 mars 1925 à Paris 10ᵉ, domicilié 40 bis rue du Ruisseau (18ᵉ) qui, sur interpellation des deux gardiens, avait pris la fuite, étant dépourvu de l'étoile jaune. Les gardiens ont tiré trois coups de feu dans sa direction sans l'atteindre et l'ont arrêté au 8ᵉ étage de l'immeuble 12 rue Charles-Nodier (18ᵉ) où il s'était réfugié. »

Mais, selon la « Note pour Mlle Salomon », Dora Bruder, elle, a été remise à sa mère. Qu'elle portât l'étoile ou non — sa mère, elle, devait déjà la porter depuis une semaine — cela veut dire qu'au commissariat de Clignancourt, ce jour-là, ils n'ont pas fait la différence entre Dora et n'importe quelle jeune fille fugueuse. À moins que les policiers eux-mêmes ne soient à l'origine de la « Note pour Mlle Salomon ».

Je n'ai pas retrouvé la trace de cette Mlle Salomon. Est-elle encore vivante ? Elle travaillait apparemment à l'UGIF, un organisme dirigé par des notables israélites français et qui regroupait pendant l'Occupation les œuvres d'assistance destinées à la communauté juive. L'Union générale des israélites de France joua en effet un rôle d'assistance pour un grand nombre de personnes mais elle avait malheureusement une origine ambiguë, puisqu'elle fut créée à l'initiative

106

des Allemands et de Vichy, les Allemands pensant qu'un tel organisme sous leur contrôle faciliterait leurs desseins, comme les *Judenrate* qu'ils avaient établis dans les villes de Pologne.

Les notables et le personnel de l'UGIF portaient sur eux une carte appelée « de légitimation », qui les mettait à l'abri des rafles et des internements. Mais bientôt, ce passe-droit se révéla illusoire. À partir de 1943, des centaines de dirigeants et d'employés de l'UGIF furent arrêtés et déportés. Dans la liste de ceux-ci, j'ai trouvé une Alice Salomon, qui travaillait en zone libre. Je doute qu'elle soit cette Mlle Salomon à qui était adressée la note au sujet de Dora.

Qui a écrit cette note ? Un employé de l'UGIF. Et cela suppose que l'on connaissait à l'UGIF, depuis un certain temps, l'existence de Dora Bruder et de ses parents. Il est probable que Cécile Bruder, la mère de Dora, a fait appel, en désespoir de cause, à cet organisme, comme la plupart des juifs qui vivaient dans une extrême précarité et n'avaient plus aucun autre recours. C'était aussi le seul moyen pour elle d'avoir des nouvelles de son mari, interné au camp de Drancy depuis mars, et de lui faire parvenir des colis. Et elle pensait peut-être qu'avec l'aide de l'UGIF elle finirait par retrouver sa fille.

« Les assistantes sociales de la police (quai de Gesvres) feraient le nécessaire si on le leur demandait. » Elles étaient au nombre de vingt et appartenaient, en cette année 1942, à la Brigade de protection des mineurs de la Police judiciaire. Elles y formaient une section autonome dirigée par une assistante de police principale-chef.

J'ai retrouvé une photo de deux d'entre elles prise à cette époque. Des femmes d'environ vingt-cinq ans. Elles portent un manteau noir — ou bleu marine — et, sur la tête, une sorte de calot orné d'un écusson avec deux P : Préfecture de Police. Celle de gauche, une brune dont les cheveux tombent presque à la hauteur des épaules, tient à la main une sacoche. Celle de droite semble avoir du rouge aux lèvres. Derrière la brune, sur le mur, deux plaques où il est écrit : ASSISTANTES DE POLICE. Au-dessous, une flèche. Au-dessous : « Permanence de 9 h 30 à 12 h. » La tête et le calot de la brune cachent à moitié les inscriptions de la plaque inférieure. On peut y lire, tout de même :

Section D'E...

INSPECTEURS

En dessous, une flèche : « Couloir à Droite Porte... »

On ne saura jamais le numéro de cette porte.

Je me demande ce qui s'est passé, pour Dora, entre le 15 juin, quand elle se trouve au commissariat du quartier Clignancourt, et le 17 juin, le jour de la « Note pour Mlle Salomon ». Est-ce qu'on l'a laissée sortir de ce commissariat avec sa mère ?

Si elle a pu quitter le poste de police et rentrer à l'hôtel du boulevard Ornano en compagnie de sa mère — c'était tout près, il suffisait de suivre la rue Hermel —, alors cela veut dire qu'on est venu la rechercher trois jours plus tard, après que Mlle Salomon eut pris contact avec les assistantes sociales de la police, quai de Gesvres, au numéro 12, où se trouvait le Service de Protection de l'Enfance.

Mais j'ai l'impression que les choses ne se sont pas déroulées aussi simplement. J'ai souvent suivi cette rue Hermel dans les deux sens, vers la Butte Montmartre ou vers le boulevard Ornano, et j'ai beau fermer les yeux, j'ai peine à imaginer Dora et sa mère marchant le long de cette rue jusqu'à leur chambre d'hôtel, par un après-midi ensoleillé de juin, comme si c'était un jour ordinaire.

Je crois que le 15 juin, dans ce commissariat de police du quartier Clignancourt, un engrenage s'est déclenché, auquel Dora ni sa mère ne pouvaient plus rien. Il arrive que les enfants éprouvent des exigences plus grandes que celles de leurs parents et qu'ils adoptent devant l'adversité une attitude plus violente que la leur. Ils laissent loin, très loin, derrière eux, leurs parents. Et ceux-ci, désormais, ne peuvent plus les protéger.

Face aux policiers, à Mlle Salomon, aux assistantes sociales de la Préfecture, aux ordonnances allemandes et aux lois françaises, Cécile Bruder devait se sentir bien vulnérable, avec l'étoile jaune qu'elle portait, son mari interné au camp de Drancy, et son «état d'indigence». Et bien désemparée face à Dora, qui était une rebelle, et avait voulu, à plusieurs reprises, déchirer cette nasse tendue sur elle et ses parents.

«En raison de ses fugues successives, il paraîtrait indiqué de la faire admettre dans une maison de redressement pour l'enfance.»

Peut-être Dora a-t-elle été emmenée, du commissariat de Clignancourt, au Dépôt de la Préfecture de police, comme il était d'usage. Alors elle a connu la grande salle à soupirail, les cellules, les paillasses sur lesquelles s'entassaient pêle-mêle les juives, les prostituées, les « droits-communs », les « politiques ». Elle a connu les punaises, l'odeur infecte et les gardiennes, ces religieuses vêtues de noir, avec leur petit voile bleu et desquelles il ne fallait attendre aucune miséricorde.

Ou bien l'a-t-on conduite directement quai de Gesvres, permanence de 9 h 30 à 12 h. Elle a suivi le couloir, à droite, jusqu'à cette porte dont j'ignorerai toujours le numéro.

En tout cas, le 19 juin 1942, elle a dû monter dans une voiture cellulaire, où se trouvaient déjà cinq autres filles de son âge. À moins que ces cinq-là, on ne les ait prises en faisant la tournée des commissariats. La voiture les a menées jusqu'au centre d'internement des Tourelles, boulevard Mortier, à la porte des Lilas.

Pour l'année 1942, il existe un registre des Tourelles. Sur la couverture de celui-ci est écrit : FEMMES. Y sont consignés les noms des internées, au fur et à mesure de leur arrivée. Il s'agissait de femmes arrêtées pour faits de résistance, de communistes et, jusqu'en août 1942, de juives qui avaient commis une infraction aux ordonnances allemandes : défense de sortir après huit heures du soir, port de l'étoile jaune, défense de franchir la ligne de démarcation pour passer en zone libre, défense d'utiliser un téléphone, d'avoir un vélo, un poste de TSF...

À la date du 19 juin 1942, on lit sur ce registre :

« Entrées 19 juin 1942

439. 19.6.42. 5ᵉ Bruder Dora, 25.2.26. Paris 12ᵉ. Française. 41 bd d'Ornano. J. xx Drancy le 13/8/42. »

Les noms qui suivent, ce jour-là, sont ceux des cinq autres filles, toutes de l'âge de Dora :

« 440. 19.6.42. 5ᵉ Winerbett Claudine. 26.11.24. Paris 9ᵉ. Française. 82 rue des Moines. J. xx Drancy le 13/8/42.

1. 19.6.42. 5ᵉ Strohlitz Zélie. 4.2.26. Paris 11ᵉ. Française. 48 rue Molière. Montreuil. J. Drancy 13/8/42.

2. 19.6.42. Israelowicz Raca. 19.7.1924. Lodz. ind. J. 26 rue (illisible). Remise autorités allemandes convoi 19/7/42.

3. Nachmanowicz Marthe. 23.3.25. Paris. Française. 258 rue Marcadet. J. xx Drancy 13/8/42.

4. 19.6.42. 5ᵉ Pitoun Yvonne. 27.1.25. Alger. Française. 3 rue Marcel-Sembat. J. xx Drancy le 13/8/42. »

Les gendarmes leur donnaient à chacune un numéro matricule. À Dora, le numéro 439. J'ignore le sens du chiffre 5ᵉ. La lettre J voulait dire : juive. Drancy le 13/8/42 a été rajouté, chaque fois : le 13 août 1942, les trois cents femmes juives qui étaient encore internées aux Tourelles furent transférées au camp de Drancy.

Ce vendredi 19 juin, le jour où Dora est arrivée aux Tourelles, on avait fait rassembler dans la cour de la caserne toutes les femmes après le déjeuner. Trois officiers allemands étaient présents. On a donné l'ordre aux juives de dix-huit à quarante-deux ans de se mettre sur un rang, le dos tourné. L'un des Allemands avait déjà la liste complète de celles-ci et les appelait au fur et à mesure. Les autres sont remontées dans leurs chambrées. Les soixante-six femmes, que l'on avait ainsi séparées de leurs compagnes, ont été enfermées dans une grande pièce vide, sans un lit, sans un siège, où elles sont restées isolées pendant trois jours, les gendarmes se tenant en faction devant la porte.

Le lundi 22 juin, à cinq heures du matin, des autobus sont venus les chercher pour les mener au camp de Drancy. Le jour même, elles étaient déportées dans un convoi de plus de neuf cents hommes. C'était le premier convoi qui partait de

France avec des femmes. La menace qui planait sans qu'on pût très bien lui donner un nom et que, par moments, on finissait par oublier s'est précisée pour les juives des Tourelles. Et pendant les trois premiers jours de son internement, Dora a vécu dans ce climat oppressant. Le matin du lundi, quand il faisait encore nuit, elle a vu par les fenêtres fermées, comme toutes ses camarades d'internement, partir les soixante-six femmes.

Un fonctionnaire de police avait établi le 18 juin, ou dans la journée du 19 juin, l'ordre d'envoi de Dora Bruder au camp des Tourelles. Cela se passait-il dans le commissariat du quartier Clignancourt ou 12 quai de Gesvres, au Service de la Protection de l'Enfance ? Cet ordre d'envoi devait être dressé en deux exemplaires qu'il fallait remettre aux convoyeurs des voitures cellulaires, revêtu d'un cachet et d'une signature. Au moment de signer, ce fonctionnaire mesurait-il la portée de son geste ? Au fond, il ne s'agissait, pour lui, que d'une signature de routine et, d'ailleurs, l'endroit où était envoyée cette jeune fille était encore désigné par la Préfecture de police sous un vocable rassurant : « Hébergement. Centre de séjour surveillé. »

J'ai pu identifier quelques femmes, parmi celles qui sont parties le lundi 22 juin, à cinq heures du matin, et que Dora a croisées en arrivant le jeudi aux Tourelles.

Claudette Bloch avait trente-deux ans. Elle s'était fait arrêter, en allant avenue Foch, au siège de la Gestapo, demander des nouvelles de son mari arrêté en décembre 1941. Elle a été l'une des rares personnes survivantes du convoi.

Josette Delimal avait vingt et un ans. Claudette Bloch l'avait connue au Dépôt de la Préfecture de police avant qu'elles fussent toutes les deux internées aux Tourelles, le même jour. Selon son témoignage, Josette Delimal « avait eu la vie dure avant la guerre et n'avait pas accumulé l'énergie que l'on puise dans les souvenirs heureux. Elle était complètement effondrée. Je la réconfortais de mon mieux […]. Lorsqu'on nous conduisit au dortoir où l'on nous assigna un lit, je demandai avec insistance que nous ne soyons pas séparées. Nous ne nous quittâmes pas jusqu'à Auschwitz, où bientôt le typhus l'emporta ». Voilà le peu de chose que je sais de Josette Delimal. J'aimerais en savoir plus.

Tamara Isserlis. Elle avait vingt-quatre ans. Une étudiante en médecine. Elle avait été arrêtée au métro Cluny pour avoir porté « sous l'étoile de David le drapeau français ». Sa carte d'identité, que l'on a retrouvée, indique qu'elle habitait 10 rue de Buzenval à Saint-Cloud. Elle avait le visage ovale, les cheveux châtain blond et les yeux noirs.

Ida Levine. Vingt-neuf ans. Il reste quelques

lettres d'elle à sa famille, qu'elle écrivait du Dépôt, puis du camp des Tourelles. Elle a jeté sa dernière lettre du train, en gare de Bar-le-Duc, et des cheminots l'ont postée. Elle y disait : « Je suis en route pour une destination inconnue mais le train d'où je vous écris se dirige vers l'est : peut-être allons-nous assez loin… »

Hena : Je l'appellerai par son prénom. Elle avait dix-neuf ans. Elle s'était fait arrêter parce qu'elle avait cambriolé un appartement, elle et son ami, et dérobé cent cinquante mille francs de l'époque et des bijoux. Peut-être rêvait-elle de quitter la France avec cet argent et d'échapper aux menaces qui pesaient sur sa vie. Elle était passée devant un tribunal correctionnel. On l'avait condamnée pour ce vol. Comme elle était juive, on ne l'avait pas enfermée dans une prison ordinaire, mais aux Tourelles. Je me sens solidaire de son cambriolage. Mon père aussi, en 1942, avec des complices, avait pillé les stocks de roulements à billes de la société SKF avenue de la Grande-Armée, et ils avaient chargé la marchandise sur des camions, pour l'apporter jusqu'à leur officine de marché noir, avenue Hoche. Les ordonnances allemandes, les lois de Vichy, les articles de journaux ne leur accordaient qu'un statut de pestiférés et de droit commun, alors il était légitime qu'ils se conduisent comme des hors-la-loi afin de survivre. C'est leur honneur. Et je les aime pour ça.

Ce que je sais d'autre sur Hena se résume à

117

presque rien : elle était née le 11 décembre 1922 à Pruszkow en Pologne et habitait 142 rue Oberkampf, une rue dont j'ai souvent, comme elle, suivi la pente.

Annette Zelman. Elle avait vingt et un ans. Elle était blonde. Elle habitait 58 boulevard de Strasbourg. Elle vivait avec un jeune homme, Jean Jausion, fils d'un professeur de médecine. Il avait publié ses premiers poèmes dans une revue surréaliste, *Les Réverbères*, qu'ils avaient créée lui et des amis, peu de temps avant la guerre.

Annette Zelman. Jean Jausion. En 1942, on les voyait souvent au café de Flore, tous les deux. Ils s'étaient réfugiés un certain temps en zone libre. Et puis le malheur était tombé sur eux. Il tient en peu de mots, dans une lettre d'un officier de la Gestapo :

« 21 mai 1942 concerne : Mariage entre non-juifs et juifs

J'ai appris que le ressortissant français (aryen) Jean Jausion, étudiant en philosophie, 24 ans, habitant Paris, a l'intention d'épouser pendant les jours de Pentecôte la juive Anna, Malka Zelman, née le 6 octobre 1921 à Nancy.

Les parents de Jausion désiraient eux-mêmes empêcher de toute manière cette union, mais ils n'en ont pas le moyen.

J'ai par conséquent ordonné, comme mesure préventive, l'arrestation de la juive Zelman et son internement dans le camp de la caserne des Tourelles… »

Et une fiche de la police française :

« Annette Zelman, juive, née à Nancy le 6 octobre 1921. Française : arrêtée le 23 mai 1942. Écrouée au dépôt de la Préfecture de police du 23 mai au 10 juin, envoyée au camp des Tourelles du 10 juin au 21 juin, transférée en Allemagne le 22 juin. Motif de l'arrestation : projet de mariage avec un aryen, Jean Jausion. Les deux futurs ont déclaré par écrit renoncer à tout projet d'union, conformément au désir instant du Dr H. Jausion, qui avait souhaité qu'ils en fussent dissuadés et que la jeune Zelman fût simplement remise à sa famille, sans être aucunement inquiétée. »

Mais ce docteur qui usait d'étranges moyens de dissuasion était bien naïf : la police n'a pas remis Annette Zelman à sa famille.

Jean Jausion est parti comme correspondant de guerre à l'automne 1944. J'ai retrouvé dans un journal du 11 novembre 1944 cet avis :

« Recherche. La direction de notre confrère *Franc-Tireur* serait reconnaissante à toutes personnes pouvant donner des nouvelles sur la disparition d'un de ses collaborateurs, Jausion, né le 20 août 1917 à Toulouse, domicilié 21 rue

Théodore-de-Banville, Paris. Parti le 6 septembre comme reporter de *Franc-Tireur* avec un jeune ménage d'anciens maquisards, les Leconte, dans une Citroën 11 noire, traction avant, immatriculée RN 6283 portant à l'arrière l'inscription blanche : *Franc-Tireur.* »

J'ai entendu dire que Jean Jausion avait lancé sa voiture sur une colonne allemande. Il les avait mitraillés avant qu'ils ne ripostent et qu'il ne trouve la mort qu'il était venu chercher.

L'année suivante, en 1945, un livre de Jean Jausion paraissait. Il avait pour titre : *Un homme marche dans la ville.*

J'ai trouvé, par hasard, il y a deux ans, dans une librairie des quais, la dernière lettre d'un homme qui est parti dans le convoi du 22 juin, avec Claudette Bloch, Josette Delimal, Tamara Isserlis, Hena, Annette, l'amie de Jean Jausion…

La lettre était à vendre, comme n'importe quel autographe, ce qui voulait dire que le destinataire de celle-ci et ses proches avaient disparu à leur tour. Un mince carré de papier recouvert recto verso d'une écriture minuscule. Elle avait été écrite du camp de Drancy par un certain Robert Tartakovsky. J'ai appris qu'il était né à Odessa le 24 novembre 1902 et qu'il avait tenu une chronique d'art dans le journal *L'Illustration* avant la guerre. Je recopie sa lettre, ce mercredi 29 janvier 1997, cinquante-cinq ans après.

« 19 juin 1942. Vendredi.
Madame TARTAKOVSKY.
50 rue Godefroy-Cavaignac. Paris XIe

C'est avant-hier que j'ai été nommé pour le départ. J'étais moralement prêt depuis longtemps. Le camp est affolé, beaucoup pleurent, ils ont peur. La seule chose qui m'ennuie c'est que bien des vêtements que j'ai demandés depuis longtemps ne m'ont jamais été envoyés. J'ai fait partir un bon de colis vestimentaire : aurai-je à temps ce que j'attends ? Je voudrais que ma mère ne s'inquiète pas, ni personne. Je ferai de mon mieux pour revenir sain et sauf. Si vous n'avez pas de nouvelles, ne vous inquiétez pas, au besoin adressez-vous à la Croix-Rouge. Réclamez au commissariat de Saint-Lambert (mairie du XVᵉ) métro Vaugirard, les papiers saisis le 3/5. Inquiétez-vous de mon bulletin d'engagé volontaire matricule 10107, je ne sais s'il est au camp et si l'on me le rendra. Prière de porter une épreuve d'Albertine chez Mme BIANO-VICI 14 rue Deguerry Paris XIᵉ, elle est pour un camarade de chambre. Cette personne vous remettra mille deux cents francs. Prévenez-la par lettre pour être sûre de la trouver. Le sculpteur sera convoqué par les Trois Quartiers pour leur galerie d'art, c'est à la suite de mes démarches auprès de M. Gompel, interné à Drancy : si cette galerie voulait la totalité d'une édition, réserver de toute façon trois épreuves, soit qu'elles soient déjà vendues direz-vous, soit réservées pour l'éditeur. Vous pouvez si le moule le supporte *suivant ladite demande*, tirer deux épreuves de plus que vous ne pensiez. Je voudrais que vous ne soyez pas trop tourmentées. Je souhaite que Marthe parte en vacances. Mon silence ne signifiera jamais que cela va mal. Si ce mot vous parvient à temps envoyez le maximum de colis alimentaires, le poids sera d'ailleurs moins surveillé. Toute verrerie vous sera retournée, on nous interdit couteau, fourchette, lames rasoir, stylo etc. Aiguilles, même. Enfin j'essaierai de me débrouiller. Biscuits de soldats ou pain azyme souhaité. Dans ma carte de correspondance habituelle je parlais d'un camarade PERSIMAGI voir pour lui (Irène) l'ambassade de Suède, il est bien plus grand que moi et est en loques (voir Gattégno 13 rue Grande-Chaumière). Un ou deux bons savons, savon à raser, blaireau, une brosse à dents, une brosse à main souhaitées, tout se mêle dans mon esprit je voudrais mêler l'utile et tout ce que je voudrais vous dire d'autre. Nous partons près d'un millier. Il y a aussi des Aryens dans le camp. On les oblige à porter l'insigne juif. Hier le capitaine allemand Doncker est venu au camp, cela a été une fuite éperdue. Recommander à tous les amis d'aller, s'ils le peuvent, prendre l'air ailleurs car ici il faut laisser toute espérance. Je ne sais si nous serons dirigés sur Compiègne avant le grand départ. Je ne renvoie pas de linge, je laverai ici. La lâcheté du plus grand nombre m'effraie. Je me demande ce que cela fera quand nous serons là-bas. À l'occasion voyez

Mme de Salzman, non pour lui demander quoi que ce soit mais à titre d'information. Peut-être aurai-je l'occasion de rencontrer celui que Jacqueline voulait faire libérer. Recommandez bien à ma mère la prudence, on arrête chaque jour, ici il y a de très jeunes 17, 18 et vieux, 72 ans. Jusqu'à lundi matin vous pouvez même à plusieurs reprises, envoyer ici des colis. Téléphonez à l'UGIF rue de la Bienfaisance ce n'est plus vrai ne vous laissez pas envoyer promener, les colis que vous porterez aux adresses habituelles seront acceptés. Je n'ai pas voulu vous alarmer dans mes lettres précédentes, tout en m'étonnant de ne pas recevoir ce qui devait constituer mon trousseau de voyage. J'ai l'intention de renvoyer ma montre à Marthe, peut-être mon stylo, je les confierai à B. pour cela. Dans colis vivres ne mettez rien de périssable, si cela doit me courir après. Photos sans correspondance dans colis vivres ou linge. Renverrai probablement livres sur l'art dont je vous remercie vivement. Je devrai sans doute passer l'hiver, je suis prêt, ne soyez pas inquiètes. Relisez mes cartes. Vous verrez ce que je demandais dès le premier jour et qui ne me revient pas à l'esprit. Laine à repriser. Écharpe. Stérogyl 15. Le sucre s'effrite boîte métal chez ma mère. Ce qui m'ennuie c'est que l'on tond à ras tous les déportés et que cela les identifie même plus que l'insigne. En cas de dispersion l'Armée du Salut reste le centre où je donnerai des nouvelles, prévenez Irène.

Samedi 20 juin 1942 — Mes très chères, j'ai reçu hier valise, merci pour tout. Je ne sais mais je crains un départ précipité. Aujourd'hui je dois être tondu à ras. À partir de ce soir les partants seront sans doute enfermés dans un corps de bâtiment spécial et surveillés de près, accompagnés même aux W-C par un gendarme. Une atmosphère sinistre plane sur tout le camp. Je ne pense pas que l'on passe par Compiègne. Je sais que nous allons recevoir trois jours de vivres pour la route. Je crains d'être parti avant tout autre colis, mais ne vous inquiétez pas, le dernier est très copieux et depuis mon arrivée ici j'avais mis de côté tout le chocolat, les conserves et le gros saucisson. Soyez tranquilles, vous serez dans ma pensée. Les disques de *Petrouchka*, je voulais les faire remettre à Marthe le 28/7, l'enregistrement est complet en 4 d. J'ai vu B. hier soir pour le remercier de ses attentions, il sait que j'ai défendu ici auprès de personnalités les œuvres du sculpteur. Suis heureux photos récentes que n'ai pas montrées à B., me suis excusé de ne pas lui offrir photo œuvre mais il lui est loisible de les demander ai-je dit. Regrette d'interrompre les éditions, si je reviens vite il sera temps encore. J'aime la sculpture de Leroy, aurais édité avec joie une réduction à la portée de mes moyens, même à q. q. heures du départ cela ne me quitte pas.

Je vous prie d'entourer ma mère sans négliger

pour cela tout ce qui vous est personnel veux-je dire. Recommandez à Irène, qui est sa voisine, ce vœu. Tâchez de téléphoner au DR André ABADI (si toujours à Paris). Dites à André que la personne dont il a déjà l'adresse, je l'ai rencontrée le 1er mai et que le 3 j'étais arrêté (est-ce seulement coïncidence?). Peut-être que ce mot désordonné vous étonnera mais l'ambiance est pénible, il est 6 h 30 du matin. Je dois renvoyer tout à l'heure ce que je n'emporte pas, je crains d'emmener trop. Si cela plaît aux fouilleurs on peut au dernier moment envoyer promener une valise si la place manque ou selon leur humeur (ce sont des membres de la Police des questions juives, doriotistes ou piloristes). Pourtant cela serait utile. Je vais faire un triage. Dès que vous n'aurez plus de mes nouvelles ne vous affolez pas, ne courez pas, attendez patiemment et avec confiance, ayez confiance en moi, dites bien à ma mère que je préfère être de ce voyage, j'ai vu partir (vous l'ai dit) pour Ailleurs. Ce qui me désole c'est d'être obligé de me séparer du stylo, de n'avoir pas le droit d'avoir du papier (une pensée ridicule me traverse l'esprit : les couteaux sont interdits et je n'ai pas une simple clef à sardines). Je ne crâne pas, n'en ai pas le goût, l'atmosphère : des malades et des infirmes ont été désignés pour le départ aussi, en nombre important. Je pense à Rd aussi, espère que définitivement à l'abri. J'avais chez Jacques Daumal toutes sortes de choses. Je pense que inutile peut-être sortir livres de chez moi maintenant, vous laisse libres. Pourvu que nous ayons beau temps pour la route ! Occupez-vous des allocations de ma mère, faites-la aider par l'UGIF. J'espère que vous serez maintenant réconciliées avec Jacqueline, elle est surprenante mais chic fille au fond (le jour s'éclaire, il va faire une belle journée). J'ignore si vous avez reçu ma carte ordinaire, si j'aurai réponse avant départ. Je pense à ma mère, à vous. À tous mes camarades qui m'ont si affectueusement aidé à garder ma liberté. Merci de tout cœur à ceux qui m'ont permis de "passer l'hiver". Je vais laisser cette lettre en suspens. Il faut que je prépare mon sac. À tout à l'heure. Stylo et montre chez Marthe quoi que dise ma mère, cette note pour le cas où je ne pourrais continuer. Maman chérie, et vous mes très chères, je vous embrasse avec émotion. Soyez courageuses. À tout à l'heure, il est 7 heures. »

Deux dimanches du mois d'avril 1996, je suis allé dans les quartiers de l'est, ceux du Saint-Cœur-de-Marie et des Tourelles, pour essayer d'y retrouver la trace de Dora Bruder. Il me semblait que je devais le faire un dimanche où la ville est déserte, à marée basse.

Il ne reste plus rien du Saint-Cœur-de-Marie. Un bloc d'immeubles modernes se dresse à l'angle de la rue de Picpus et de la rue de la Gare-de-Reuilly. Une partie de ces immeubles portent les derniers numéros impairs de la rue de la Gare-de-Reuilly, là où était le mur ombragé d'arbres du pensionnat. Un peu plus loin, sur le même trottoir, et en face, côté numéros pairs, la rue n'a pas changé.

On a peine à croire qu'au 48 bis, dont les fenêtres donnaient sur le jardin du Saint-Cœur-de-Marie, les policiers sont venus arrêter neuf enfants et adolescents un matin de juillet 1942, tandis que Dora Bruder était internée aux Tourelles. C'est un immeuble de cinq étages aux briques claires. Deux fenêtres, à chacun des étages, encadrent deux fenêtres plus petites. À côté, le numéro 40 est un bâtiment grisâtre, en renfoncement. Devant lui, un muret de brique et une grille. En face, sur le même trottoir que bordait le mur du pensionnat, quelques autres petits immeubles sont demeurés tels qu'ils étaient. Au numéro 54, juste avant d'arriver rue de Picpus, il y avait un café tenu par une certaine Mlle Lenzi.

J'ai eu la certitude, brusquement, que le soir de sa fugue, Dora s'était éloignée du pensionnat en suivant cette rue de la Gare-de-Reuilly. Je la voyais, longeant le mur du pensionnat. Peut-être parce que le mot « gare » évoque la fugue.

J'ai marché dans le quartier et au bout d'un moment j'ai senti peser la tristesse d'autres dimanches, quand il fallait rentrer au pensionnat. J'étais sûr qu'elle descendait du métro à Nation. Elle retardait le moment où elle franchirait le porche et traverserait la cour. Elle se promenait encore un peu, au hasard, dans le quartier. Le soir tombait. L'avenue de Saint-Mandé est calme, bordée d'arbres. J'ai oublié s'il y a un terre-plein. On passe devant la bouche de métro ancienne de la station Picpus. Peut-être sortait-elle parfois de cette bouche de métro ? À droite, le boulevard de Picpus est plus froid et plus désolé que l'avenue de Saint-Mandé. Pas d'arbres, me semble-t-il. Mais la solitude de ces retours du dimanche soir.

Le boulevard Mortier est en pente. Il descend vers le sud. Pour le rejoindre, ce dimanche 28 avril 1996, j'ai suivi ce chemin : rue des Archives. Rue de Bretagne. Rue des Filles-du-Calvaire. Puis la montée de la rue Oberkampf, là où avait habité Hena.

À droite, l'échappée des arbres, le long de la rue des Pyrénées. Rue de Ménilmontant. Les blocs d'immeubles du 140 étaient déserts, sous le soleil. Dans la dernière partie de la rue Saint-Fargeau, j'avais l'impression de traverser un village abandonné.

Le boulevard Mortier est bordé de platanes. Là où il finit, juste avant la porte des Lilas, les bâtiments de la caserne des Tourelles existent toujours.

Le boulevard était désert, ce dimanche-là, et perdu dans un silence si profond que j'entendais le bruissement des platanes. Un haut mur entoure l'ancienne caserne des Tourelles et cache les bâtiments de celle-ci. J'ai longé ce mur. Une plaque y est fixée sur laquelle j'ai lu :

ZONE MILITAIRE
DÉFENSE DE FILMER
OU DE PHOTOGRAPHIER

Je me suis dit que plus personne ne se souvenait de rien. Derrière le mur s'étendait un no man's land, une zone de vide et d'oubli. Les vieux bâtiments des Tourelles n'avaient pas été détruits comme le pensionnat de la rue de Picpus, mais cela revenait au même.

Et pourtant, sous cette couche épaisse d'amnésie, on sentait bien quelque chose, de temps en temps, un écho lointain, étouffé, mais on aurait été incapable de dire quoi, précisément. C'était comme de se trouver au bord d'un champ magnétique, sans pendule pour en capter les ondes. Dans le doute et la mauvaise conscience, on avait affiché l'écriteau « Zone militaire. Défense de filmer ou de photographier ».

À vingt ans, dans un autre quartier de Paris, je me souviens d'avoir éprouvé cette même sensation de vide que devant le mur des Tourelles, sans savoir quelle en était la vraie raison.

J'avais une amie qui se faisait héberger dans divers appartements ou des maisons de campagne. Chaque fois, j'en profitais pour délester les bibliothèques d'ouvrages d'art et d'éditions numérotées, que j'allais revendre. Un jour, dans un appartement de la rue du Regard où nous étions seuls, j'ai volé une boîte à musique ancienne et après avoir fouillé les placards, plusieurs costumes très élégants, des chemises et une dizaine de paires de chaussures de grand luxe. J'ai cherché dans l'annuaire un brocanteur à qui revendre tous ces objets, et j'en ai trouvé un, rue des Jardins-Saint-Paul.

Cette rue part de la Seine, quai des Célestins, et rejoint la rue Charlemagne, près du lycée où j'avais passé les épreuves du baccalauréat, l'année précédente. Au pied de l'un des derniers immeubles, côté numéros pairs, juste avant la rue Charlemagne, un rideau de fer rouillé, à moitié levé. J'ai pénétré dans un entrepôt où étaient entassés des meubles, des vêtements, des ferrailles, des pièces détachées d'automobiles. Un homme d'une quarantaine d'années m'a reçu, et, avec beaucoup de gentillesse, m'a proposé d'aller chercher sur place la « marchandise », d'ici quelques jours.

En le quittant, j'ai suivi la rue des Jardins-Saint-Paul, vers la Seine. Tous les immeubles de la rue, côté des numéros impairs, avaient été rasés peu de temps auparavant. Et d'autres immeubles derrière eux. À leur emplacement, il ne restait plus qu'un terrain vague, lui-même cerné par des pans d'immeubles à moitié détruits. On distinguait encore, sur les murs à ciel ouvert, les papiers peints des anciennes chambres, les traces des conduits de cheminée. On aurait dit que le quartier avait subi un bombardement, et l'impression de vide était encore plus forte à cause de l'échappée de cette rue vers la Seine.

Le dimanche suivant, le brocanteur est venu boulevard Kellermann, près de la porte de Gentilly, chez le père de mon amie, où je lui avais donné rendez-vous afin de lui remettre la « marchandise ». Il a chargé dans sa voiture la boîte à musique, les costumes, les chemises, les chaussures. Il m'a donné sept cents francs de l'époque, pour le tout.

Il m'a proposé d'aller boire un verre. Nous nous sommes arrêtés devant l'un des deux cafés, en face du stade Charlety.

Il m'a demandé ce que je faisais dans la vie. Je ne savais pas très bien quoi lui répondre. J'ai fini par lui dire que j'avais abandonné mes études. À mon tour, je lui ai posé des questions. Son cousin et associé tenait l'entrepôt de la rue des Jardins-Saint-Paul. Lui, il s'occupait d'un autre local du côté du marché aux Puces, porte de Clignancourt. D'ailleurs, il était né dans ce quartier de la porte de Clignancourt, d'une famille de juifs polonais.

C'est moi qui ai commencé à lui parler de la guerre et de l'Occupation. Il avait dix-huit ans, à cette époque-là. Il se souvenait qu'un samedi la police avait fait une descente pour arrêter des juifs au marché aux Puces de Saint-Ouen et qu'il avait échappé à la rafle par miracle. Ce qui l'avait surpris, c'était que parmi les inspecteurs il y avait une femme.

Je lui ai parlé du terrain vague que j'avais remarqué les samedis où ma mère m'emmenait aux Puces, et qui s'étendait au pied des blocs d'immeubles du boulevard Ney. Il avait habité à cet endroit avec sa famille. Rue Élisabeth-Rolland. Il était étonné que je note le nom de la rue. Un quartier que l'on appelait la Plaine. On avait tout détruit après la guerre et maintenant c'était un terrain de sport.

En lui parlant, je pensais à mon père que je n'avais plus revu depuis longtemps. À dix-neuf ans, au même âge que moi, avant de se perdre dans des rêves de haute finance, il vivait de petits trafics aux portes de Paris : il franchissait en fraude les octrois avec des bidons d'essence qu'il revendait à des garagistes, des boissons, et d'autres marchandises. Tout cela sans payer la taxe de l'octroi.

Au moment de nous quitter, il m'a dit d'un ton amical que si j'avais encore quelques objets à lui proposer, je pouvais le contacter rue des Jardins-Saint-Paul. Et il m'a donné cent francs de plus, touché sans doute par mon air candide de bon jeune homme.

J'ai oublié son visage. La seule chose dont je me souvienne, c'est son nom. Il aurait pu très bien avoir connu Dora Bruder, du côté de la porte de Clignancourt et de la Plaine. Ils habitaient le même quartier et ils avaient le même âge. Peut-être en savait-il long sur les fugues de Dora... Il y a ainsi des hasards, des rencontres, des coïncidences que l'on ignorera toujours... Je pensais à cela, cet automne, en marchant de nouveau dans le quartier de la rue des Jardins-Saint-Paul. Le dépôt et son rideau de fer rouillé n'existent plus et les immeubles voisins ont été restaurés. De nouveau je ressentais un vide. Et je comprenais pourquoi. La plupart des immeubles du quartier avaient été détruits après la guerre, d'une manière méthodique, selon une décision administrative. Et l'on avait même donné un nom et un chiffre à cette zone qu'il fallait raser : l'îlot 16. J'ai retrouvé des photos, l'une de la rue des Jardins-Saint-Paul, quand les maisons des numéros impairs existaient encore. Une autre photo d'immeubles à moitié détruits, à côté de l'église Saint-Gervais et autour de l'hôtel de Sens. Une autre, d'un terrain vague au bord de la Seine que les gens traversaient entre deux trottoirs, désormais inutiles : tout ce qui restait de la rue des Nonnains-d'Hyères. Et l'on avait construit, là-dessus, des rangées d'immeubles, modifiant quelquefois l'ancien tracé des rues.

Les façades étaient rectilignes, les fenêtres carrées, le béton de la couleur de l'amnésie. Les lampadaires projetaient une lumière froide. De temps en temps, un banc, un square, des arbres, accessoires d'un décor, feuilles artificielles. On ne s'était pas contenté, comme au mur de la caserne des Tourelles, de fixer un panneau : « Zone militaire. Défense de filmer et de photographier. » On avait tout anéanti pour construire une sorte de village suisse dont on ne pouvait plus mettre en doute la neutralité.

Les lambeaux de papiers peints que j'avais vus encore il y a trente ans rue des Jardins-Saint-Paul, c'étaient les traces de chambres où l'on avait habité jadis — les chambres où vivaient ceux et celles de l'âge de Dora que les policiers étaient venus chercher un jour de juillet 1942. La liste de leurs noms s'accompagne toujours des mêmes noms de rues. Et les numéros des immeubles et les noms des rues ne correspondent plus à rien.

À dix-sept ans, les Tourelles n'étaient pour moi qu'un nom que j'avais découvert à la fin du livre de Jean Genet, *Miracle de la Rose*. Il y indiquait les lieux où il avait écrit ce livre : LA SANTÉ. PRISON DES TOURELLES 1943. Lui aussi avait été enfermé là, en qualité de droit commun, peu de temps après le départ de Dora Bruder, et ils auraient pu se croiser. *Miracle de la Rose* n'était pas seulement imprégné des souvenirs de la colonie pénitentiaire de Mettray — l'une de ces maisons de redressement pour l'enfance où l'on voulait envoyer Dora — mais aussi, il me semble maintenant, par la Santé et les Tourelles.

De ce livre, je connaissais des phrases par cœur. L'une d'entre elles me revient en mémoire : « Cet enfant m'apprenait que le vrai fond de l'argot parisien, c'est la tendresse attristée. » Cette phrase m'évoque si bien Dora Bruder que j'ai le sentiment de l'avoir connue. On avait imposé des étoiles jaunes à des enfants aux

noms polonais, russes, roumains, et qui étaient si parisiens qu'ils se confondaient avec les façades des immeubles, les trottoirs, les infinies nuances de gris qui n'existent qu'à Paris. *
Comme Dora Bruder, ils parlaient tous avec l'accent de Paris, en employant des mots d'argot dont Jean Genet avait senti la tendresse attristée.

Aux Tourelles, quand Dora y était prisonnière, on pouvait recevoir des colis, et aussi des visites le jeudi et le dimanche. Et assister à la messe, le mardi. Les gendarmes faisaient l'appel à huit heures du matin. Les détenues se tenaient au garde-à-vous, au pied de leur lit. Au déjeuner, dans le réfectoire, on ne mangeait que des choux. La promenade dans la cour de la caserne. Le souper à six heures du soir. De nouveau l'appel. Tous les quinze jours, les douches, où l'on allait deux par deux, accompagnées par les gendarmes. Coups de sifflet. Attente. Pour les visites, il fallait écrire une lettre au directeur de la prison et l'on ne savait pas s'il donnerait son autorisation.

Les visites se déroulaient au début de l'après-midi, dans le réfectoire. Les gendarmes fouillaient les sacs de ceux qui venaient. Ils ouvraient les paquets. Souvent les visites étaient supprimées, sans raison, et les détenues ne l'apprenaient qu'une heure à l'avance.

Parmi les femmes que Dora a pu connaître aux Tourelles se trouvaient celles que les Allemands appelaient « amies des juifs » : une dizaine de Françaises « aryennes » qui eurent le courage, en juin, le premier jour où les juifs devaient porter l'étoile jaune, de la porter elles aussi en signe de solidarité, mais de manière fantaisiste et insolente pour les autorités d'occupation. L'une avait attaché une étoile au cou de son chien. Une autre y avait brodé : PAPOU. Une autre : JENNY. Une autre avait accroché huit étoiles à sa ceinture et sur chacune figurait une lettre de VICTOIRE. Toutes furent appréhendées dans la rue et conduites au commissariat le plus proche. Puis au dépôt de la Préfecture de police. Puis aux Tourelles. Puis, le 13 août, au camp de Drancy. Ces « amies des juifs » exerçaient les professions suivantes : dactylos. Papetière. Marchande de journaux. Femme de ménage. Employée des PTT. Étudiantes.

Au mois d'août, les arrestations furent de plus en plus nombreuses. Les femmes ne passaient même plus par le Dépôt et elles étaient conduites directement aux Tourelles. Les dortoirs de vingt personnes en contenaient désormais le double. Dans cette promiscuité, la chaleur était étouffante et l'angoisse montait. On comprenait que les Tourelles n'étaient qu'une gare de triage où l'on risquait chaque jour d'être emportée vers une destination inconnue.

Déjà, deux groupes de juives au nombre d'une centaine étaient parties pour le camp de Drancy le 19 et le 27 juillet. Parmi elles se trouvait Raca Israelowicz, de nationalité polonaise, qui avait dix-huit ans et qui était arrivée aux Tourelles le même jour que Dora, et peut-être dans la même voiture cellulaire. Et qui fut sans doute l'une de ses voisines de dortoir.

Le soir du 12 août, le bruit se répandit aux Tourelles que toutes les juives et celles que l'on appelait les « amies des juifs » devaient partir le lendemain pour le camp de Drancy.

Le 13 au matin, à dix heures, l'appel interminable commença dans la cour de la caserne, sous les marronniers. On déjeuna une dernière fois sous les marronniers. Une ration misérable qui vous laissait affamée.

Les autobus arrivèrent. Il y en avait — paraît-il — en quantité suffisante pour que chacune des prisonnières eût sa place assise. Dora comme toutes les autres. C'était un jeudi, le jour des visites.

Le convoi s'ébranla. Il était entouré de policiers motocyclistes casqués. Il suivit le chemin que l'on prend aujourd'hui pour aller à l'aéroport de Roissy. Plus de cinquante ans ont passé. On a construit une autoroute, rasé des pavillons, bouleversé le paysage de cette banlieue nord-est pour la rendre, comme l'ancien îlot 16, aussi neutre et grise que possible. Mais sur le trajet vers l'aéroport, des plaques indicatrices bleues portent encore les noms anciens : DRANCY ou ROMAINVILLE. Et en bordure même de l'autoroute, du côté de la porte de Bagnolet, est échouée une épave qui date de ce temps-là, un hangar de bois, que l'on a oublié et sur lequel est inscrit ce nom bien visible : DUREMORD.

À Drancy, dans la cohue, Dora retrouva son père, interné là depuis mars. En ce mois d'août, comme aux Tourelles, comme au dépôt de la Préfecture de police, le camp se remplissait chaque jour d'un flot de plus en plus nombreux d'hommes et de femmes. Les uns arrivaient de zone libre par milliers dans les trains de marchandises. Des centaines et des centaines de femmes, que l'on avait séparées de leurs enfants, venaient des camps de Pithiviers et de Beaune-la-Rolande. Et quatre mille enfants arrivèrent à leur tour, le 15 août et les jours suivants, après qu'on eut déporté leurs mères. Les noms de beaucoup d'entre eux, qui avaient été écrits à la hâte sur leurs vêtements, au départ de Pithiviers et de Beaune-la-Rolande, n'étaient plus lisibles. Enfant sans identité n° 122. Enfant sans identité n° 146. Petite fille âgée de trois ans. Prénommée Monique. Sans identité.

À cause du trop-plein du camp et en prévision des convois qui viendraient de zone libre, les autorités décidèrent d'envoyer de Drancy au camp de Pithiviers les juifs de nationalité française, le 2 et le 5 septembre. Les quatre filles qui étaient arrivées le même jour que Dora aux Tourelles et qui avaient toutes seize ou dix-sept ans : Claudine Winerbett, Zélie Strohlitz, Marthe Nachmanowicz et Yvonne Pitoun, firent partie de ce convoi d'environ mille cinq cents juifs français. Sans doute avaient-ils l'illusion qu'ils seraient protégés par leur nationalité. Dora, qui était française, aurait pu elle aussi quitter Drancy avec eux. Elle ne le fit pas pour une raison qu'il est facile de deviner : elle préféra rester avec son père.

Tous les deux, le père et la fille, quittèrent Drancy le 18 septembre, avec mille autres hommes et femmes, dans un convoi pour Auschwitz.

La mère de Dora, Cécile Bruder, fut arrêtée le 16 juillet 1942, le jour de la grande rafle, et internée à Drancy. Elle y retrouva son mari pour quelques jours, alors que leur fille était aux Tourelles. Cécile Bruder fut libérée de Drancy le 23 juillet, sans doute parce qu'elle était née à Budapest et que les autorités n'avaient pas encore donné l'ordre de déporter les juifs originaires de Hongrie.

A-t-elle pu rendre visite à Dora aux Tourelles un jeudi ou un dimanche de cet été 1942? Elle fut de nouveau internée au camp de Drancy le 9 janvier 1943, et elle partit dans le convoi du 11 février 1943 pour Auschwitz, cinq mois après son mari et sa fille.

Le samedi 19 septembre, le lendemain du départ de Dora et de son père, les autorités d'occupation imposèrent un couvre-feu en représailles à un attentat qui avait été commis au cinéma Rex. Personne n'avait le droit de sortir, de trois heures de l'après-midi jusqu'au lendemain matin. La ville était déserte, comme pour marquer l'absence de Dora.

Depuis, le Paris où j'ai tenté de retrouver sa trace est demeuré aussi désert et silencieux que ce jour-là. Je marche à travers les rues vides. Pour moi elles le restent, même le soir, à l'heure des embouteillages, quand les gens se pressent vers les bouches de métro. Je ne peux pas m'empêcher de penser à elle et de sentir un écho de sa présence dans certains quartiers. L'autre soir, c'était près de la gare du Nord.

J'ignorerai toujours à quoi elle passait ses journées, où elle se cachait, en compagnie de qui elle se trouvait pendant les mois d'hiver de sa première fugue et au cours des quelques semaines de printemps où elle s'est échappée à nouveau. C'est là son secret. Un pauvre et précieux secret que les bourreaux, les ordonnances, les autorités dites d'occupation, le Dépôt, les casernes, les camps, l'Histoire, le temps — tout ce qui vous souille et vous détruit — n'auront pas pu lui voler.

PATRICK MODIANO
PRIX NOBEL DE LITTÉRATURE 2014

Aux Éditions Gallimard

LA PLACE DE L'ÉTOILE, *roman*. Nouvelle édition revue et corrigée en 1995 (« Folio », n° *698*).

LA RONDE DE NUIT, *roman* (« Folio », n° *835*).

LES BOULEVARDS DE CEINTURE, *roman* (« Folio », n° *1033*).

VILLA TRISTE, *roman* (« Folio », n° *953*).

EMMANUEL BERL, INTERROGATOIRE *suivi d'*IL FAIT BEAU ALLONS AU CIMETIÈRE. *Interview, préface et postface de Patrick Modiano* (« Témoins »).

LIVRET DE FAMILLE (« Folio », n° *1293*).

RUE DES BOUTIQUES OBSCURES, *roman* (« Folio », n° *1358*).

UNE JEUNESSE, *roman* (« Folio », n° *1629*; « Folio Plus », n° *5*, avec notes et dossier par Marie-Anne Macé).

DE SI BRAVES GARÇONS (« Folio », n° *1811*).

QUARTIER PERDU, *roman* (« Folio », n° *1942*).

DIMANCHES D'AOÛT, *roman* (« Folio », n° *2042*).

UNE AVENTURE DE CHOURA, *illustrations de Dominique Zehrfuss* (« Albums Jeunesse »).

UNE FIANCÉE POUR CHOURA, *illustrations de Dominique Zehrfuss* (« Albums Jeunesse »).

VESTIAIRE DE L'ENFANCE, *roman* (« Folio », n° *2253*).

VOYAGE DE NOCES, *roman* (« Folio », n° *2330*).

UN CIRQUE PASSE, *roman* (« Folio », n° *2628*).

DU PLUS LOIN DE L'OUBLI, *roman* (« Folio », n° *3005*).

DORA BRUDER (« Folio », n° *3181*; « La Bibliothèque Gallimard », n° *144*).

DES INCONNUES (« Folio », n° *3408*).

LA PETITE BIJOU, *roman* (« Folio », n° *3766*).

ACCIDENT NOCTURNE, *roman* (« Folio », n° *4184*).

UN PEDIGREE (« Folio », n° 4377).

TROIS NOUVELLES CONTEMPORAINES, *avec Marie NDiaye et Alain Spiess*, lecture accompagnée par Françoise Spiess (« La Bibliothèque Gallimard », n° 174).

DANS LE CAFÉ DE LA JEUNESSE PERDUE, *roman* (« Folio », n° 4834).

L'HORIZON, *roman* (« Folio », n° 5327).

L'HERBE DES NUITS, *roman* (« Folio », n° 5775).

28 PARADIS, 28 ENFERS, *avec Marie Modiano et Dominique Zehrfuss* (« Le Cabinet des Lettrés »).

POUR QUE TU NE TE PERDES PAS DANS LE QUARTIER, *roman* (« Folio », n° 6077).

DISCOURS À L'ACADÉMIE SUÉDOISE.

SOUVENIRS DORMANTS, *roman.*

NOS DÉBUTS DANS LA VIE, *théâtre.*

Dans la collection « Quarto »

ROMANS

En collaboration avec Louis Malle

LACOMBE LUCIEN, *scénario* (« Folioplus classiques », n° 147, dossier par Olivier Rocheteau et lecture d'image par Olivier Tomasini).

En collaboration avec Sempé

CATHERINE CERTITUDE. *Illustrations de Sempé* (« Folio », n° 4298 ; « Folio Junior », n° 600).

Dans la collection « Écoutez lire »

LA PETITE BIJOU (3 CD).

DORA BRUDER (2 CD).

UN PEDIGREE (2 CD).

L'HERBE DES NUITS (1 CD).

POUR QUE TU NE TE PERDES PAS DANS LE QUARTIER (1 CD).

DANS LE CAFÉ DE LA JEUNESSE PERDUE (1 CD).
SOUVENIRS DORMANTS (1 CD).

En Hors-série DVD

JE ME SOUVIENS DE TOUT… Un film écrit par Bernard Pivot et réalisé par Antoine de Meaux.

Aux Éditions P.O.L.

MEMORY LANE, en collaboration avec Pierre Le-Tan.
POUPÉE BLONDE, en collaboration avec Pierre Le-Tan.

Aux Éditions du Seuil

REMISE DE PEINE.
FLEURS DE RUINE.
CHIEN DE PRINTEMPS.

Aux Éditions Hoëbeke

PARIS TENDRESSE, *photographies de Brassaï.*

Aux Éditions Albin Michel

ELLE S'APPELAIT FRANÇOISE…, en collaboration avec Catherine Deneuve.

Aux Éditions du Mercure de France

ÉPHÉMÉRIDE (« Le Petit Mercure »).

Aux Éditions de L'Acacia

DIEU PREND-IL SOIN DES BŒUFS ? en collaboration avec Gérard Garouste.

Aux Éditions de L'Olivier

28 PARADIS, en collaboration avec Dominique Zehrfuss.

COLLECTION FOLIO